WEISST DU NOCH?

BAND VI

Ahlhelm · Morgen · Simon · Tietzen

WEISST DU NOCH?

TRIERER HANDEL
gestern und heute

BAND VI

VERLAG MICHAEL WEYAND

Impressum

© Verlag Michael Weyand GmbH

Friedlandstraße 4 | 54293 Trier | www.weyand.de

verlag@weyand.de

Alle Rechte vorbehalten. Kein Teil des Werkes darf in irgendeiner Form ohne schriftliche Genehmigung des Verlags reproduziert oder unter Verwendung elektronischer Systeme verarbeitet, vervielfältigt oder verbreitet werden.

Gestaltung: Sabine König

Druck: repa, Saarbrücken

Bindung: Schwind, Trier

ISBN: 978-3-935 281-84-3

Fotonachweis:

alle aktuellen Fotos: Josef Tietzen

historische Aufnahmen: mit freundlicher Unterstützung des Stadtarchivs Trier | Bildsammlung Wilhelm Deuser | Bildsammlung Ferdinand Laven | Bildarchiv Nr. 1 | Bildsammlung von Pechmann | Postkartensammlung Ernst Piro | Ansichtskartensammlung August Hetmann | Bildsammlung Friedel Thörnig | Fotoarchiv Amt für Wirtsaftsförderung u. a. | Leser des Trierischen Volkfreunds | Anita Beckmann | Fam. Schmelzer | Michael Becker | Gudrun Laux | Fam. Hostert

Inhalt

Vorwort, Handel im Wandel 07
Simeonstraße 58/59 08
Simeonstraße 10-12 10
Simeonstraße, Die Brille 14
Simeonstraße, Hochstetter 16
Simeonstraße, Hägin/Chalchera 18
Hägin-Parkhaus 20
Simeonstraße 22
Hauptmarkt 26
Hauptmarkt 23 32
Hauptmarkt 12 34
Hauptmarkt 2 36
Dietrichstraße, Neckermann 38
Pferdemarkt 40
Sternstraße 44
Fleischstraße 12 48
Fleischstraße 16/17 50
Fleischstraße, Trier-Galerie 52
Fleischstraße 54
Kornmarkt 56
Fleischstraße, Fielmann 58
Nikolaus-Koch-Platz 60
Frauenstraße 62
Zuckerbergstraße 64
Brotstraße 1 66
Brotstraße/Johann-Philipp-Straße Hettlage 68
Brotstraße, Zur Blauen Hand 70
Konstantinstraße 72
Brotstraße 20 74
Brotstraße, Moritz & Senger 76
Brotstraße/Jesuitenstraße 78
Brotstraße 33, Lintz 80
Palaststraße 82
Am Breitenstein, Marx 84
Liebfrauenstraße 5 86
Brotstraße 28/ Neustraße 1 88
Neustraße, Haas 90
Neustraße Insel, Sinn-Leffers 92
Neustraße 6/7 94
Neustraße, Meinelt 96
Neustraße 23 98
Neustraße 42 100
Nagelstr. 31 102
Brückenstr. 8 104
Weberbach/Seizstraße, Mutti Krause .106
Weberbach 108
Südallee 20 110
Kaiserstraße/Viehmarkt Bürgerverein/Europahalle 112
Saarstraße 1/Südallee 114
Hubert Neuerburg-Straße Haus Neuerburg 116
Matthiasstr. 65 118
Zurlauben 120
Kranen 122
Maximinstr. 31, Atrium 124
Petrisberg 126
Ostallee/Fabrikstraße, Laeis 128
Herzogenbuscher Straße 130
Metternichstraße, Milchhof 132
Bergstraße, Löwenbrauerei 134
Oleviger Straße 136
Im Speyer, Bobinet 138
Förderer 140

Handel im Wandel
Karin Kaltenkirchen, Vorsitzende City-Initiative Trier

Wem geht es oft nicht genau so: Beim Bummel durch die älteste Stadt Deutschlands fragt sich manchmal selbst der gestandene Trierer: Wie sah es hier eigentlich früher aus, welche Fassade ist einer neuen gewichen, wie hieß das Lädchen oder Geschäft damals noch gleich? Hägin, Schellenberg, Moritz & Senger, da war doch was? Und wer erinnert sich wohl noch an die Tage, da der öffentliche Straßenverkehr noch mitten durch die Sim und über den Hauptmarkt floss?

TV-Redakteur Roland Morgen, Denkmalpfleger Peter Ahlhelm, Stadtarchivar Bernhard Simon und Fotograf Josef Tietzen haben interessante und aufschlussreiche fotografische Gegenüberstellungen zusammengetragen, wobei sie sich in diesem Band der Trierer Geschäftswelt widmen. Dabei belassen es die Autoren nicht bei der reinen Vorher-Nachher-Betrachtung, sondern liefern zudem gut recherchierte, detaillierte Beschreibungen, Entwicklungen und Werdegänge von der Historie bis heute.

Egal, welchen der inzwischen sechs Bände der Reihe „Weißt Du noch" man sich anschaut: Immer wieder stößt der Leser auf fast vergessene, bedauerlicherweise verschwundene, aber auch phantastisch in Stand gehaltene Bausubstanz, die Ältere zum Schwelgen und Jüngere zum Staunen bringt. Das Blättern im neuen Buch lässt Erinnerungen aufblühen, die Stadtgeschichte lebendig werden und ist so tatsächlich eine Lektüre, die stets für interessanten Gesprächsstoff sorgt.

Ich persönlich schaue mir auch sehr gerne diese Vorher-Nachher-Serien an, und dies wird wohl jedem so gehen, der einen persönlichen Bezug zur Stadt hat oder sie neu kennen lernen möchte.

Trier als älteste Stadt Deutschlands blickt auf viel Geschichte und einen beachtlichen Wandel zurück. Ich finde es toll, dass man sich dies seit Erfindung der Fotografie so detailliert auch in der „Gegenüberstellung" ansehen kann.

Ich lade Sie ganz herzlich ein, den Wandel im hiesigen Handel, die Veränderungen an den Baulichkeiten und in den Straßen der Stadt mitzuerleben.

Theo ...

... im Hospital

Das historische Foto entstand Mitte der 1950er Jahre und zeigt die Wohn- und Geschäftshäuser Simeonstraße Nr. 58 und Nr. 59.

Die beiden barocken Gebäude, in unmittelbarer Nähe zur Porta Nigra, stammen aus dem 18. Jahrhundert. Auffallend: die charakteristische Rundapsis der Nikolauskapelle und davor eine Parade der gängigen Fahrzeugtypen der frühen 50er Jahre.

Der Kaufmann Heinrich Wentzel gründete im Jahre 1887 in der Petrusstraße eine Glaswarenhandlung. Um 1895 verlegte er sein Geschäft in die Simeonstraße 58 und erweiterte sein Geschäftsfeld um Kellereibedarf und -artikel.

Der Ausbau des Margaretengäßchens brachte 1959 auch eine bauliche Veränderung des linken Gebäudes, in dem sich seitdem eine Filiale der Commerzbank befindet.

Die Firma H. Wentzel verlegte ihre Geschäftsräume zunächst ins angrenzende Margaretengäßchen und zog später in das neue Industriegebiet Trier-Nord.

Die Nikolauskapelle am rechten Bildrand mit den übrigen Bauten des ehemaligen St. Nikolaus-Hospitals ist Teil von „Theo. Das Gasthaus an der Porta".

Drei Bürgerhäuser ...

Drei nebeneinander liegende Häuser auf der Ostseite der Simeonstraße, und zwar Simeonstraße 10, 11 und 12.

Im Gegensatz zur gegenüberliegenden Seite der Simeonstraße, die heute durch moderne, großvolumige Geschäftshäuser, insbesondere große Warenhäuser, dominiert wird, hat sich auf dieser Seite die historische Bebauung weitgehend unverändert erhalten. Die aus der Sicht der Geschäftsleute notwendigen Veränderungen und Modernisierungen im Schaufensterbereich nimmt der Betrachter der Fotos gerne in Kauf.

Dieser Bereich der Simeonstraße, als der wichtigsten Geschäftsstraße im Herzen der historischen Altstadt, zeigt beispielhaft die Entwicklung der Bürgerhausarchitektur und ihre unterschiedliche Gestaltung in den einzelnen Epochen.

Dies gilt gerade auch für die drei nebeneinander liegenden Häuser mit den Hausnummern 10, 11 und 12.

... überdauern

Das Gebäude Simeonstraße 10 gilt als großvolumiges Haus im sogenannten Reformstil und ist um 1910 errichtet worden.

Das Haus Nr. 11 zeigt einen neubarocken Stil, wobei die Fassade als zusätzliches auffälliges Element assymetrisch gestaltet ist. Der Entwurf wurde vom Architekten Joseph Mendgen 1894 vorgelegt und dann umgesetzt.

Aus dem gleichen Jahr stammt auch sein Entwurf für das Haus Simeonstraße 12 im Stil der Neurenaissance mit seiner sandsteingegliedertern Verklinkerung.

Die drei historischen Fotos sind zu Beginn der 1950er Jahre entstanden. Das Haus Nr. 1o beherbergte das „Hotel Römertor" der Familie Briesch. Hier zog alsbald das Kino „Römertor" ein. Auch heute bietet das Haus Unterhaltung.

Das bereits 1887 gegründete „Trierische Möbelhaus" wurde von der Familie Claus geführt.

Das Haus Simeonstraße 11 wechselte

anschließend in den Besitz der Trierer Familie Schulte, die dort lange Jahre ihr bekanntes Geschäft für Eisenwaren, Hausrat und Spielwaren betrieb. Der Verfasser erinnert sich nur zu gut, dass es dort für ihn als angehenden Heimwerker, Gartenbesitzer und Hobby-Waldarbeiter alles gab. Baumärkte lösten auch diese Ära ab.

Aus dem Haus Simeonstraße Nr. 12 ist auch das Blumenfachgeschäft Hofmann verschwunden. Die Klinkerfassade wurde durch Putz ersetzt.

Die Nutzung der Läden in den drei Häusern änderte sich grundlegend. Glücklicherweise sind die Häuser in der Trierer „Hauptstraße" saniert und erhalten. Sie sind für das Trierer Stadtbild unersetzbar.

Aus zwei ...

Das dreigeschossige Gebäude wurde um 1820 für den Gerber Jakob Van Volxem als Mietshaus errichtet. Für den Geschäftsraum im Erdgeschoss mussten große Schaufenster gebrochen und ein großzügiger Eingang geschaffen werden. Die historische Aufnahme ist wohl um 1903 entstanden. 1907 erfolgte durch die Bauunternehmung August Wolf ein größerer Umbau. Das Erdgeschoss erhielt ein völlig neues Erscheinungsbild. Bewahrt wurde der Rest der klassizistischen Fassade und das markante Dach. Ein weiterer Umbau erfolgte 1923. Aus einem Ladenlokal wurden zwei gemacht. Seit den 1950er Jahren teilten sich die Fachgeschäfte Artur Konieczny (Uhren, Gold- und Silberwaren) und Schallenberg (Damen-Moden) die Geschäftsräume im Erdgeschoss. 1951 mietete sich die Provinzial Versicherung im Hause ein. Weitere Räumlichkeiten hatte die Damen- und Herrenschneiderei Adolf Laux angemietet. Mitte der 1970er Jahre

... *wurde eins*

gab es Überlegungen zu einem Neubau. Erd- und Dachgeschoss sollten neu errichtet, der Rest der Fassade erhalten werden. Doch von dem Vorhaben wurde abgerückt. 1976 übernimmt das Optikergeschäft „Die Brille" eines der beiden Ladenlokale. 1982/83 erfolgt die Sanierung des Gebäudes. Der damit einhergehende Umbau und das neu „erfundene" Mansarddach haben leider keine Rücksicht auf die historische Fassade genommen. 1988 wird das Erdgeschoss erneut umgestaltet und „Die Brille" übernimmt die kompletten Geschäftsräume im Erdgeschoss. Daran hat sich bis heute nichts geändert.

Viele Gründe …

... zum Feiern

Mit Pauken und Trompeten feiern – dazu hat das Modehaus Hochstetter immer wieder guten Grund. Und nicht nur, wenn das 1894 als Textilhaus Hochstetter & Lange in der Simeonstraße 13 aus der Taufe gehobene Unternehmen ein rundes Jubiläum begeht oder über Jahrzehnte treue Mitarbeiterinnen und Mitarbeiter ehrt. Hochstetter ist ein Trendsetter, der zum Beispiel 1929 Triers vielbestaunte erste Schaufenster-Passage präsentierte, und weiterhin das größte Damenbekleidungshaus der Region, geführt in der vierten Generation von Oliver Louisoder, Urenkel des Firmengründers Theodor Sommer (1865 bis 1934), der zuvor die Hochstetter & Lange-Textilhäuser in Köln, Aachen und Koblenz geleitet hatte und den eingeführten Namen in Trier beibehielt. Sein Sohn Oskar Sommer (1901 bis 1966) führte ab 1923 das Unternehmen gar so erfolgreich, dass er in Berlin zwei Filialen mit dem Namen „Textilhaus Sommer" eröffnete. Im Krieg wurden alle drei Geschäfte zerstört. Sommer betrieb nur das in Trier weiter. Er baute es, beginnend mit dem Hinterhaus an der Rindertanzstraße, aus Trümmern etappenweise wieder auf und beschäftigte zeitweilig mehr als 200 Mitarbeiter.

Nach seinem plötzlichen Tod übernahm die damals 28-jährige Tochter Monika Sommer (später verheiratete Louisoder) Hochstetter & Lange.

Und das nächste Jubiläum steht schon vor der Tür: 2012 ist ihr Sohn Oliver Louisoder seit zehn Jahren Geschäftsführer von Hochstetter, wie sich das Unternehmen heute kurz und einprägsam nennt.

Verrückt ...

... in der Sim

Parken in der Simeonstraße, in Triers Top-1a-Lage – das allein ist es nicht, was auf dem historischen Foto von 1959 verwundert. Bei näherer Betrachtung fällt auf, dass auf dem aktuellen Bild Barock und Klassizismus nun im Schulterschluss vereint sind. Was den Schluss nahelegt: Entweder hat das Haus mit dem Eissalon oder das mit dem markanten Dreiecksgiebel seinen Standort verändert.

Des Rätsels Lösung: das klassizistische Gebäude rechts steht da, wo es schon seit fast 200 Jahren steht. Die Fassade des barocken Hauses Schellenberg wurde Anfang der 1960er Jahre um rund 25 Meter „verrückt". Grund war der Kaufhof-Neubau an der Stelle des Kaufhauses Hägin. Auch Nachbargebäude mussten weichen. Investor und Denkmalpflege fanden einen Kompromiss, mit dem die zumindest baugeschichtlich bedeutende Hausfront erhalten werden konnte. Sie wurde dem Kaufhaus vorgeblendet. Eine durchaus ansehnliche Lösung. Wer heute aus Richtung Porta kommend auf kürzestem Wege in den Kaufhof geht, durchschreitet das Schellenberg-Portal.

Der Kaufhof in der Sim war die erste Filiale eines Warenhaus-Konzerns in Trier. Zwei weitere folgten: 1973 Horten (heute Galeria Kaufhof, Fleischstraße) und 1975 Neckermann (heute Karstadt, Simeonstraße).

Shoppen ...

Shoppen im Parkhaus – klingt nach Blödsinn, war aber schon einmal Realität in Trier. Und das kam so: 1961 wurde sich der Kaufmann Adolf Hägin mit dem Kölner Warenhaus-Konzern einig: Aus Hägin in Trier sollte Kaufhof werden. Aber für den neuen Besitzer war der Einkaufstempel an der Simeonstraße zu alt und zu klein. Ein Neubau sollte her. Abreißen ohne Handels-Pause? Kein Problem. Quasi „hinter Hägin" – im Margaretengäßchen – errichtete Kaufhof erst einmal ein Parkhaus. Als das fertig war, zog Hägin auf die andere Straßenseite. Während die Abrissbirne kreiste, kamen die meisten Trierer Kunden erstmals in den Genuss des Einkaufserlebnisses in einem funkelnagelneuen Gebäude – auch wenn das nur ein Kaufhaus-Provisorium war.

Mitte der 1960er Jahre eröffnete Kaufhof in der Sim – und Hägin war Geschichte. Was viele Menschen noch heute nicht davon abhält, Einkäufe „beim Hägin" zu erledigen, wenn's auch in Wirklichkeit der

Kaufhof ist. Zum trierischen Phänomen von Namens-Langlebigkeit leistet der vormalige Kaufhaus-Besitzer einen weiteren Beitrag: Das repräsentative Domizil an der Bitburger Straße, das er mit seiner Frau bewohnte, heißt eigentlich Villa Kestenberg, wird aber auch heute – drei Besitzer-Generationen später – noch hartnäckig „Villa Hägin" genannt und die Haarnadelkurve darunter „Hägin-Kurve" – eine Bezeichnung, die aktuell noch in polizeilichen Unfallberichten auftaucht. Was aber nicht wirklich verwundert in einer Stadt, in der die 1913 eingeweihte Kaiser-Wilhelm-Brücke im Volksmund auch „Neu-Moselbrück'" heißt (um sie klar von der aus dem 2. Jahrhundert stammenden Römerbrücke zu unterscheiden), obwohl die wirklich „neue", nach Ehrenbürger Konrad Adenauer benannte Brücke nun auch schon rund vier Jahrzehnte auf dem Buckel hat.

... im Parkhaus

Konsum statt ...

Mächtig viel Betrieb in der Simeonstraße anno 1957: Ein Motorroller-Korso knattert anlässlich eines internationalen Vespatreffens publikumswirksam Richtung Hauptmarkt, der aus der Glockenstraße auf den viel befahrenen Prachtboulevard abbiegende Volkswagen hat fast Tuchfühlung mit Fußgängern. Auch hinter den Hausmauern pulsiert das Leben, das gesellschaftliche Leben. An der Ecke Sim/Moselstraße befand sich bis Anfang der 1970er Jahre ein wahres Vergnügungs-Dorado mit dem Café Astoria, dem Gasthaus Zur Postkutsche und den Kinos Metropol und Neues Theater und nicht zu vergessen der Schieffer-Keller. Und einzig dieser mittelalterliche Gewölbekeller hat die neben dem Kaufhof-Projekt größte Abriss- und Neubau-Aktion in der Sim überlebt. Er wurde ins 1975 eröffnete Kaufhaus Neckermann integriert, das seit 1978 Karstadt heißt.

So ganz ist es mit dem Schwofen aber noch nicht vorbei an Triers einstigem Vergnügungszentrum.

Der Keller (heute Kaufhaus-Restaurant) und die zur „Sky-Lounge" umfunktionierte Karstadt-Dachterrasse dienen gelegentlich als Feten-Locations für jüngere Semester.

... schwofen

Von der Papeterie über Mode …

... zum iPhone

1981 feierte die Firma Donders am Dom ihr 100-jähriges Bestehen. Das Fachgeschäft für Schreibwaren und Bürobedarf hatte ihren Hauptsitz in der Liebfrauenstraße und eröffnete 1981 ein weiteres, die „Papeterie Donders" in der Simeonstraße 20. Bevor es in der Filiale losgehen konnte, musste erst einmal das Erdgeschoss baulich verändert werden. Vor allem der tief im Gebäude sitzende Ladeneingang wurde kundenfreundlicher nach vorne versetzt.

Schon einige Jahre später war Schluss mit der Papierwarenhandlung. Die Firma „Sasch Sportswear" übernahm 1986 das Ladenlokal. Danach versuchte sich an gleicher Stelle die Firma „Milano" mit Designer-Moden. In den 1990er-Jahren kam dann die Zeit der Mobilfunkanbieter. Es entwickelte sich ein Eldorado für viele Firmen. Die Handy-Shops schossen wie Pilze aus dem Boden. Auch in diesem Laden konnte man nun „Handys" erwerben. Die Firma „mobilcom" mietete sich 1999 hier ein. Zwischenzeitlich sind einige Namensänderungen aufgrund von Firmenfusionen erfolgt, diese Wechsel sind oft an den veränderten Werbeanlagen erkennbar. Gerade die Werbeanlagen der Mobilfunkanbieter sind oft überdimensioniert, zu farbintensiv und plakativ. In der unmittelbaren Nachbarschaft zum Dreikönigenhaus waren nicht nur die Denkmalpfleger über so viel Werbung verärgert. Hilfe brachte die aktuelle Werbesatzung. Bei Neubeantragung einer Werbeanlage wird diese, wie auf dem aktuellen Foto zu sehen ist, auf ein „Normalmaß" reduziert. Gab es 1990 rund 300.000 Mobilfunkgeräte in Deutschland, so waren es 2010 rund 109 Millionen. Da die Produktpalette noch steigt, ist ein Ende des Wachstums wohl noch nicht erreicht.

Gangolf...

... blumige Kontinuität

Das ist – nach der Porta Nigra und Dom/Domfreihof – die Nummer drei auf der Rangliste der bekanntesten Altstadt-Ansichten Triers: der Hauptmarkt zu Füßen von St. Gangolf. Fast 120 Jahre liegen zwischen beiden Aufnahmen. Und auf den flüchtigen Blick hat sich nicht allzu viel verändert, sieht man von den Kutschen ab. Aber gerade die waren, als die historische Aufnahme entstand, bereits ein Auslaufmodell. Vor der Steipe fährt bereits die Pferdebahn, 1890 an den Start gegangen und 1905 von der elektrisch betriebenen Straßenbahn abgelöst. Ebenfalls bald von der Bildfläche verschwinden wird das Gebäude an der Ecke Hauptmarkt/Fleischstraße. Es muss Platz machen für das 1898 gebaute Miets- und Geschäftshaus der Kunstgärtnerei J. Lambert & Söhne. Das Haus mit seinem markanten Giebel und einem dreigeschossigen Erker, das nach wie vor die Blumenhandlung Lambert beherbergt, die barocke Fassade des Nachbarhauses zur Linken (Hauptmarkt 12, 1933 im Inneren völlig neu gebaut) und die Marktkirche St. Gangolf verkörpern die einzigen „Überlebenden" der Bebauung aus dem späten 19. Jahrhundert. Was nicht dem Bombenhagel der Vorweihnachtszeit 1944 zum Opfer fiel und – wie der Steipenbering – neu aufgebaut wurde, geriet durch ein Neubauprojekt unter die Räder. Die Denkmalpflege konnte 1993 nicht den Abbruch des im Kern gotischen Hauses Hauptmarkt 11 verhindern. Es wurde durch einen rekonstruierten Neubau ersetzt.

Hauptmarkt ...

So sieht das Herz von Trier aus der Vogelperspektive aus: das mittelalterliche Herz der ältesten Stadt Deutschlands, der Hauptmarkt.

Als Erzbischof Heinrich I. ihn 958 vor der ummauerten Domstadt anlegte und als Hoheitszeichen das Marktkreuz errichtete, gab er den Startschuss für Phase 2 in der Stadtentwicklung. Die Römermetropole war in Trümmern versunken, der verheerende Normannen-Angriff von 882 hatte auch das rechtwinklige Straßennetz weitgehend ausradiert.

Im Mittelalter war es vorbei mit der Gradlinigkeit. Dennoch gaben die Römer weiterhin vor, wo es langgeht. Die heutigen Altstadt-Straßen sind aus den Trampelpfaden entstanden, die sich vor 1000 Jahren herausbildeten. Und so präsentiert sich Triers zentraler Platz als Dreiecksfläche. Die Bebauung an den Längsseiten steht am Beginn Abgabelung in Richtung Römerbrücke (Fleisch-/Brückenstraße) so-

wie der entlang der Dombefestigung verlaufenden Grabenstraße, von der es via Palaststraße zum „Palatium" ging, der als bischöfliche Festung fungierenden Konstantin-Basilika und durch die Brot- und Neustraße zum südlichen Stadtausgang Neutor.

Markt gehalten im ursprünglichen Sinne wird schon lange nicht mehr im Schatten der Gangolfskirche, von deren Turmgalerie beide Fotos entstanden. Auf dem Hauptmarkt finden Einheimische und Touristen heute vorwiegend Blumen und Obst und im Advent den Weihnachtsmarkt. Schauplätze des Wochenmarkts (frische Lebensmittel) sind dienstags und freitags der Viehmarkt und an Samstagen der Domfreihof.

Bis in die 70er Jahre hinein war der Hauptmarkt vom Straßenverkehr umtost und wurde gar als Parkfläche genutzt. Erst seit 1984, als auch der Linienbusverkehr aus der Fußgängerzone verbannt wurde, darf sich der Hauptmarkt wieder als das rühmen, was er ist: einer der schönsten und malerischsten Plätze Deutschlands. Vor einer weiteren Zeiterscheinung aber ist auch er nicht gefeit: der zunehmenden Filialisierung der Läden.

... Handel und Wandel seit mehr als 1000 Jahren

Vom Löschzugjubiläum ...

Zusammen mit vielen Gästen verfolgte der damalige Feuerwehrdezernent die künstlerischen Darbietungen anlässlich der 100-Jahr-Feier der Olewiger Feuerwehr. Doch plötzlich kam Unruhe im Festzelt auf, und auch das Handy des Dezernenten klingelte. Schnell machte die Nachricht die Runde, dass es in der Innenstadt brenne.

Durch diesen Großbrand, der sich am Sonntagnachmittag des 28. Mai 2000 ereignete, wurde das Gebäude Hauptmarkt 22 stark beschädigt. Ebenfalls in Mitleidenschaft gezogen wurden die denkmalgeschützten Nachbarhäuser. Rund 70 Feuerwehrleute kämpften mehrere Stunden gegen das Feuer. Das schwer zugängliche Spitzdach von Nr. 23 machte die Löscharbeiten besonders schwierig. Der Brand verursachte massive Schäden, vor allem im Dachbereich und an der Wand- und Deckenkonstruktion. Glücklicherweise befanden sich zum Brandzeitpunkt keine Personen in den betroffenen Räumen. Ge-

... zum Großeinsatz

rade im Dachbereich waren einige Studentenbuden untergebracht. Man mag sich die Folgen gar nicht vorstellen wollen, wenn dieser Brand nachts ausgebrochen wäre.

Die um 1600 errichteten Gebäude Hauptmarkt 22 und 23 sowie Simeonstraße 37 bilden ein einzigartiges Fachwerkensemble innerhalb des Altstadtkerns. Im Gegensatz zu den Nachbarhäusern wurde das vormals giebelständige Haus Nr. 22 nach 1839 mit einem traufständigen Satteldach versehen. Die im Laufe des 19. Jahrhunderts verputzte Fachwerkfassade wurde in den 1920er Jahren freigelegt und restauriert.

Obwohl ein erheblicher Brandschaden entstanden war, ist es gelungen, das Bauwerk zu sanieren und, was für die Denkmalpflege am wichtigsten ist, unter Erhalt von historischer Bausubstanz. Die wertvolle Fassade konnte gerettet werden und ist heute wieder ein beliebtes Fotomotiv. Nur die Farbgebung der Markise wirkt störend.

Die gusseisernen Pfeiler der 1895 nach Entwurf des Maurermeisters Peter Schneider umgebauten Ladenfront gliedern weiterhin die Erdgeschosszone, in der ein Schnellimbiss residiert. Dort kann man, wie vor dem Brand auch, wieder Pommes frites und Bratwurst für den kleinen Hunger zwischendurch erwerben.

Die Uhren …

... ticken weiter

„Reparaturen werden sorgfältig ausgeführt", verkündet die Werbeaufschrift unter der Schaufensteranlage auf dem historischen Foto, das das Haus Hauptmarkt 23 zeigt. Wilhelm Böhrer reparierte nicht nur, sondern verkaufte auch Uhren sowie Gold- und Silberwaren. Heute wird an gleicher Stelle von der Firma Christ eine ähnliche Produktpalette angeboten.

Das Gebäude ist eines aus der Gruppe von drei um 1600 nebeneinander erbauten Fachwerkhäusern, die den Blickfang am Übergang vom Hauptmarkt zur Simeonstraße bilden. Rechts neben dem Ladenlokal ist die 1236 erstmals belegte „Kleine Judenpforte" zu erkennen.

Es gab auch Zeiten, da war das Fachwerk der Häuser mit einer glatten Putzschicht überdeckt. Auch die Gewände der Fenster waren lediglich aufgeputzt. Erst in den 20er Jahren des vorigen Jahrhunderts wurde der Putz von dem Fachwerk der Häuser abgenommen.

Das Bauensemble Hauptmarkt 22 und 23 sowie Simeonstraße 37 gehört zu den beliebtesten Fotomotiven, die die Stadt zu bieten hat.

Vom Damenhut ...

... zur Herrenjeans

Das Haus Hauptmarkt 12 wurde 1933 bis auf den Keller und die viergeschossige barocke Fassade abgebrochen und neu aufgebaut. Die Anzahl der Dachgauben wurde von zwei auf drei erhöht. Seit 1994, in jenem Jahr wurde das Nachbarhaus Nr. 11 abgerissen und barockisierend wieder aufgebaut, ist diese Fassade als letztes Exemplar einer in Trier nur am Hauptmarkt belegten originalen, viergeschossigen, barocken Bürgerhausbebauung übrig geblieben.

Beim Vergleich der beiden Aufnahmen fällt auf, dass sich der als Erdgeschoss- oder als Ladenzone bezeichnete Bereich erheblich verändert hat. Ursprünglich bildete das Mittelportal den Blickfang der Marktfront. Lediglich der Mittelportal-Aufsatz mit der Datierung 1767, den ein prächtiges Rocaille-Ornament ziert, ist noch an seinem Platz. Zwischenzeitlich ist das Parterre schon mehrmals „modern" umgeändert worden. Übrig geblieben ist eine breite Öffnung, die nur noch wenig Bezug zu der darüber stehenden Fassade hat.

Lange Zeit bot die Firma Meissner-Braun in diesem Gebäude ihre Modewaren, wie zum Beispiel Damenhüte, an. Dann folgte die Firma Telerent; hier konnten Fernseher und Videorecorder ausgeliehen werden. Heute wird in den Geschäftsräumen wieder Mode verkauft und zwar Jeans.

Die Präsentation von leuchtenden Jeanshosen, die zum Kaufanreiz in den geöffneten Fenstern der Obergeschosse hängen, trägt nicht gerade zu einem positiven Erscheinungsbild dieser eigentlich sehr schönen Barockfassade bei. Leider ist vielen Ladenbetreibern oft nicht bewusst, in welchem Juwel sie ihre Waren feilbieten.

Ringe ...

Die historische Aufnahme zeigt das dreigeschossige Gebäude Hauptmarkt 2 noch mit Zwerchhaus (ein mit Giebel ausgebildeter Dachausbau, quer zum First stehend). Wenig später wurde der komplette Dachbereich baulich verändert, das Zwerchhaus musste vier Dachgauben weichen.

In übergroßen Buchstaben stehen an der Hausfassade eng zusammengerückt die Worte „Eier" und „Butter". Nach der derzeit gültigen Werbesatzung der Stadt Trier, sie ist seit Januar 2009 in Kraft, müsste man bei dem Betrachten des historischen Fotos von einer Häufung von Werbung sprechen. So viel Werbung an nur einem Haus in der Innenstadt ist heute nicht mehr möglich. Denn laut Satzung müssen Werbeanlagen in Größe, Farbe, Proportion, Gliederung, Lichtwirkung und Plastizität auf die Gestaltung der Fassade abgestimmt sein. Außerdem müssen die Werbeanlagen sich den Fassadenflächen, auf denen sie befestigt sind, unterordnen.

Die Stadt hat diese Satzung erlassen, um städtebauliche, architektonische und gestalterische Fehlentwicklungen aus dem Stadtbild herauszuhalten und gegebenenfalls zurückzuführen.

Wie heute mit städtischem Segen geworben werden darf, zeigt die aktuelle Aufnahme des Hauses. Neben Ringen in allen Varianten können vor allem Frauen jede Menge modische Kleidung und Accessoires in den beiden Ladenlokalen erwerben.

... en gros

Neckermann...

Hier traf der alte Werbespruch „Neckermann macht's möglich" auf besondere Weise zu: Rein in der Jakobstraße, raus in der Dietrichstraße – oder umgekehrt. Neckermann, eigentlich ein Versandhaus, betrieb von den 50er bis 70er Jahren auch Warenhäuser. Eines davon in Trier. Dazu hatten die Neckermänner aus der Raumnot eine Tugend gemacht. Platz zum Verkaufen schufen sie, indem sie zwei Häuser in parallel verlaufenden Straßen miteinander verbanden. Zur Jakobstraße hin (nur Parterre) gab es Lebensmittel, zur Dietrichstraße hin Haushalts- und Kurzwaren und in den Obergeschossen unter anderem auch Spielsachen. Alles in allem eine ziemlich abenteuerliche und nicht zuletzt deshalb spannende Einkaufswelt. In der einen Ecke duftete es nach frisch gemahlenem Kaffee, in der anderen roch es nach Ranzen und Schulmäppchen.

1975 zog Neckermann Trier in seinen großzügigen Kaufhaus-Neubau in der Simeonstraße. Aber da war die Warenhaus-Sparte des Konzerns schon fast am Ende. Aus Neckermann wurde 1978 Karstadt.

Am alten Standort in der Dietrichstraße neben dem Steipen-Bering befindet sich seit 2006 eine Filiale des Franchisers Mambo (Bonn), der Möbel, Leuchten, Wohnaccessoirs und Geschenkartikel anbietet.

... machte es möglich

Spenrath …

... der Tante-Hedwig-Laden

Hier hieß Tante Emma Hedwig. Hedwig Spenrath. 1904 geboren, saß sie noch mit über 90 Jahren an der Kasse ihres Lebensmittelgeschäfts am Pferdemarkt und musste erleben, wie die Discounter-Konkurrenz sich auch in der Altstadt breitmachte.

1923, mit 19, hatte das „waschechte Trierer Mädchen" (als das sie sich gerne bezeichnete) den Lehrer Josef Spenrath geheiratet, der den vom Vater geerbten Laden weiterbetrieb, um sich ein Zubrot zu verdienen.

Die Spenraths durchlebten harte Zeiten: Inflation, Weltwirtschaftskrise, Weltkrieg, Rückkehr aus der Evakuierung, Wiederaufbau.

Sie konnten sich dennoch behaupten – als Familienbetrieb, in dem lange die beiden Töchter mitarbeiteten. In den 1960er Jahren standen die Zeichen gar auf Expansion. Das alte Geschäftshaus wich 1965 einem um zwei Stockwerke höheren Neubau, den die barocke Marienfigur schmückt, die auf dem historischen Bild in einer Nische im ersten Obergeschoss leider fehlt.

Auch das Sortiment wuchs. Um Zeitschriften, Schreibwaren und allerlei Süßigkeiten und Pausensnacks, an denen sich vor allem die Schüler des benachbarten Berufsschulzentrums labten. Aber die Zeiten wurden wieder härter. Der Haupt-Kundenlieferant, Triers zentraler Bahn- und Postbus-Haltepunkt auf dem Pferdemarkt, wurde erst in die Bruchhausenstraße verlegt und dann ganz aufgelöst.

Als Josef Spenrath 1974 starb, führte die tatkräftige Hedwig den Laden weiter, zum Schluss noch unterstützt von der älteren Tochter Christa-Maria; die jüngere hatte geheiratet und Trier verlassen. Mit Hedwig Spenrath starb quasi auch der Laden. Und der steht seit anderthalb Jahrzehnten leer und bietet ein Bild des Jammers.

Firmenich ...

Es ist nicht einmal 50 Jahre her, da boten der Pferdemarkt und die Straßen, die auf ihn zulaufen, so ziemlich alles, was das Verbraucherherz begehrt: Eine Bäckerei, Cafés, Lebensmittelläden, ein Fotofachgeschäft, eine Drogerie, Friseursalons, ein Schreibwarengeschäft, eine kleine private Leihbücherei, eine chemische Reinigung, eine Schreinerei, einen Zeitschriftenkiosk, ein Tabakwarengeschäft, einen Speiseeishersteller und jede Menge Gaststätten, einige davon mit so poetischen Namen wie „Friedensbaum" (heute Zapotex) oder „Zur Sonne". Und mittendrin in diesem Wirtschaftswunder-Mikrokosmos: die Fleischerei Firmenich. Eine echte Institution: 1919 hatte Werner Firmenich sen. sein Stammhaus zwischen Deutschherren- und Bruchhausenstraße eröffnet. Unter der Leitung von Werner Firmenich jun. folgten Filialen in der Simeon-, Fleisch- und Saarstraße und auf der Weismark.

Die Fleischerei Firmenich gibt es nicht mehr, das einstige Stammhaus ist von der Bildfläche verschwunden. An seiner Stelle entstand in den 1980er Jahren ein Neubau, der eine City-Filiale der damaligen Raiffeisenbank Trier beherbergte. Die ist ebenfalls längst Geschichte. 1999 per Fusion in der Volksbank Trier aufgegangen, die eine Zweigstelle am nur 150 Meter entfernten Stockplatz betrieb, war das Ende der „Raiba" am Pferdemarkt absehbar. Es folgten häufige Mieterwechsel. Prognosen über die Verweildauer des derzeitigen Nutzers der Geschäftsräume werden an dieser Stelle nicht angestellt.

Immerhin: Die Volksbank-Filiale am Stockplatz besteht immer noch.

... mittendrin im Wirtschaftswunder-Mikrokosmos

500 Jahre ...

Das Haus Sternstraße 3 gilt gemeinhin als das älteste Fachwerkhaus in Trier, denn die dendrochronologische Untersuchung der Hölzer durch die Fachleute im Trierer Landesmuseum ergab eine Datierung von 1475. Der markante Bau ist Teil eines Hauses, das ursprünglich bis zur Ecke Sternstraße/Domfreihof reichte. Das dreigeschossige Sichtfachwerk steht über einem massiven, verglasten Erdgeschoss. Das Fachwerk bietet ein eindrucksvolles Beispiel für die spätgotische Zimmermannskunst. Interessant ist zudem, dass das Fachwerk erst im Jahre 1965 freigelegt wurde. Die im Stadtarchiv vorhandenen älteren Fotos des Hauses zeigen noch eine verputzte Fassade. Und noch eine Besonderheit ist aus historischer Sicht erwähnenswert. In der Kellerwand ist der überwölbte Kanal des Stadtbaches, der früher offen durch die Sternstraße floss, zu sehen.

Sternstraße 3 war das Stammhaus der Firma Heinrich Scharntke, denn hier

... auf dem Buckel

gründete Klempnermeister Gottlieb Scharntke 1872 einen Bau-Klempnerei Fachbetrieb. In seiner Werkstatt entstanden alle Dinge, die der tägliche Bedarf an Gefäßen aus Kupfer und Weißblech benötigte. Hier wurden Dachrinnen und Fallrohre, aber auch die prächtigen Konstruktionen auf dem benachbarten Domdach und auf den vielen Bürgerhäusern der Stadt gefertigt.

Die Firma ist zwischenzeitlich an einen anderen Standort verlegt, der Laden im Erdgeschoss wird für andere Artikel benutzt.

Bei der Betrachtung des älteren Fotos fallen aber auch die parkenden Autos in der Sternstraße auf. 1972, als das Foto entstand, war man gerade dabei, die Fußgängerzone in Trier Schritt für Schritt auszuweiten.

Vom Aussterben …

... kleiner Fotoläden

Wo ging man noch in den 1990er Jahren hin, um seine Kleinbild-Filme entwickeln zu lassen? Wo ging man hin, wenn man qualitätsvolle Abzüge erhalten wollte, und das Ganze noch in Schwarz-Weiß? Natürlich ins „Fotofachgeschäft". Eines dieser Fachgeschäfte befand sich in der Sternstraße 5 und hieß Foto Geiben. In diesem Laden wurde man stets von geschultem Fachpersonal beraten und bestens bedient. Nur wenige Tage, mitunter nur 24 Stunden, musste man damals warten, um seine heiß begehrten Fotos in den Händen halten zu können. Aber all dieser Service und die Beratung reichten nicht. Erst wurde Foto Geiben in Foto am Dom umbenannt, dann verschwand dieses Fachgeschäft ganz aus der Sternstraße. Weitere Fotofachgeschäfte verschwanden über die Jahre ebenfalls still und leise aus der Trierer Geschäftswelt: Foto Fässy in der Nagelstraße, Foto Nelles, Foto Allkauf, Foto Porst in der Fleischstraße und Foto Steinmetz in der Fahrstraße.

Heute hat fast jeder eine Digitalkamera und kann sich seine Bilder am PC anschauen, selbst ausdrucken oder zu einem der vielen „Foto-Sofort-Printer" bringen, die in den Drogeriemärkten stehen. Fotofachgeschäfte werden fast nicht mehr benötigt.

Zurück zur Sternstraße 5. Hier teilen sich zwei Ladenlokale die Verkaufsräume der Erdgeschosszone. In dem einen Geschäft kann man sich die Schuhe reparieren und neue Schlüssel machen lassen, in dem anderen gibt es Eis und Kaffee.

Wechsel im ...

Das Nachbargebäude der Brasserie (Fleischstraße 12) wurde ab 1963 umgebaut. Der dreigeschossige barocke Vorgängerbau stammte von 1775. Bis zu Anfang der 1960er Jahre führte dort die Familie Herold die Gaststätte „Zu den alten Deutschen". Die Umbauplanung sah vor, dass die barocke Fassade einschließlich der Erdgeschosszone erhalten bleibt und um ein Geschoss „ergänzt" wird. Diese viergeschossige Bauweise ist in diesem Bereich der Fleischstraße durch den Aufbauplan vom August 1957 ermöglicht worden. Die Rückseite des Hauses, der Dachstuhl und die Decken sollten komplett erneuert werden. Soweit die Planung. Doch es kam wie so oft anders. Aus statischen Gründen musste auch die straßenseitige Fassade abgebrochen werden. Die Denkmalpflege nahm im Rahmen des Wiederaufbaues Einfluss auf die Fassadengestaltung einschließlich der Ladenzone. Bei der Niederlegung der Fassade wurden die Fensterge-

... 10-Jahres-Rhythmus

wände geborgen und anschließend in die neue Fassade wieder eingebaut. Aufgrund von Problemen im Genehmigungsverfahren verzögerte sich die Fertigstellung des Wiederaufbaues. Dann, 1968, konnte endlich der Friseursalon Schmitt das Geschäft eröffnen. Ab 1977 verkaufte die Firma Pfaff hier Nähmaschinen und Nähbedarf. 1987 wurde die Ladenzone erneut umgebaut. Die Firma „Runners Point" übernahm die Geschäftsräume, um hier Laufschuhe zum Kauf anzubieten. Ein weiterer Wechsel erfolgte 1997. Die Firma Spinnrad verkaufte Kosmetik zum Selbermachen, Produkte für Gesundheit und Ernährung sowie, nicht zu vergessen, die fast legendäre „Soda Tronic", mit der mittels Kohlensäurepatrone der eigene Sprudel mit oder ohne Geschmack hergestellt werden konnte. Ein kurzes Intermezzo gab 2007 der Finanzdienstleister Fortis, der schon 2009 durch den heutigen Ladenbetreiber „Lines" abgelöst wurde.

In den Fenstern spiegelt sich die Fassade des Kaufhauses Galeria Kaufhof, vormals Horten, wider. Gut erkennbar ist die so genannte Hortenkachel (ca. 50 x 50 cm). Der bekannte Architekt Egon Eiermann hat 1960 diesen Baustein für die Gebäudefassade des Kaufhauses Horten entworfen. Durch die Kacheln wird das Gebäude, bis auf die Erdgeschosszone, fast vollständig verkleidet. Mit diesen Kachel- oder Wabenelementen konnte ein Fassadensystem entwickelt werden, das sowohl flexible Gebäudegrundrisse ermöglichte, als auch eine Erhöhung der Stellflächen erreichte, weil keine Fensteröffnungen zu berücksichtigen waren. Ein Konzept, das in der Nachfolge bei vielen Neubauten von Kaufhäusern angewendet wurde.

Bücher ...

Das historische Foto aus dem Jahre 1903 zeigt die beiden Häuser Nr. 16 und 17 der Fleischstraße. Hier befanden sich zu Anfang des vorigen Jahrhunderts die Buch- und Kunsthandlung Heinrich Stephanus sowie das Geschäft von Louis Fauth. Das Sortiment des Kaufmanns Karl Ludwig (Louis) Fauth reichte von Handschuhen, Krawatten, Hosenträgern bis zur Herstellung von Bandagen und chirurgischen Instrumenten. Als Berufsbezeichnung ist im Adressbuch der Stadt Trier Bandagist und Kaufmann angegeben. Nach Kriegszerstörung und Wiederaufbau befindet sich hier heute ein Fachgeschäft für Damenschuhe.

Ein wahres Trierer Traditionsunternehmen ist Bücher Stephanus. 1878 von Heinrich Stephanus an diesem Standort begründet, wird die Firma seit 1994 von den Brüdern Peter und Georg Stephanus bereits in vierter Generation erfolgreich geführt. In unmittelbarer Nähe zum Uni-Campus gibt es seit 1980 die Stephanus Universitätsbuchhandlung.

… und Bandagen

Konsum ...

... statt Kirche

Wenn ein „alter Trierer" erstmals nach 20 Jahren wieder in die Heimat kommt, wird er sich wundern. Über die für ihn neuen Plätze (Domfreihof, Kornmarkt, Viehmarkt), über mehr als doppelt so groß gewordene Kliniken (Brüderkrankenhaus, Mutterhaus) – und garantiert über einen Neubau in der Fleischstraße. Ein Einkaufscenter an der Stelle eines Verlagshauses, das dem Bistum gehörte?

Tatsächlich ungewöhnlich. Es war doch erst in den 50er Jahren, als die Trierische Landeszeitung das neue Gebäude bezogen hatte, das an der Stelle eines im Krieg zerstörten spätklassizistischen Hauses entstanden war. Aber schon im April 1974 war es vorbei mit der Tageszeitungs-Dualität in Trier. Die seit 1972 zur Saarbrücker Zeitung gehörende TLZ stellte ihr Erscheinen ein – die Belegschaft hatte zwei Wochen vor dem Ende davon erfahren. Aus dem Zeitungshaus wurde in den unteren Geschossen eine Buchhandlung; darüber residierte die Redaktion des Bistumsblattes Paulinus.

Als anno 2001 das Bistum die dahinter gelegene Paulinus-Druckerei dicht machte und auch das benachbarte alte City-Parkhaus nur noch eine ungenutzte Ruine war, wurde das Gesamtareal interessant für Großinvestoren, die endlich auch Triers Fußgängerzone mit einem großen Konsumtempel beglücken wollten. Im September 2008 eröffnete die 70 Millionen Euro schwere Trier-Galerie mit 70 Läden und einer Gesamt-Verkaufsfläche von rund 15.000 Quadratmetern.

TLZ weg, Druckerei weg, Paulinus-Redaktion umgezogen – und was ist aus der Akademischen Buchhandlung Interbook geworden? Die gibt es noch – am Kornmarkt. Allerdings heißt die jetzt Mayersche Interbook und gehört ebenfalls nicht mehr dem Bistum.

In Trümmern ...

... versunken

Nur zwei Details auf dem historischen Foto von 1913 verraten dem Trier-Kenner, wo wir uns befinden: links die markanten Balkone der Hauptpost, am Ende der Straßenflucht die Steipe. Klarer Fall: die Fleischstraße, aufgenommen an der Ecke zum Kornmarkt.

Spezialisten erkennen außerdem noch rechts neben der Steipe den oberen Zipfel des dreigeschossigen Giebels des Lambert-Hauses an der Ecke zum Hauptmarkt.

Streng genommen sind die Hauptpost und das Haus Lambert die einzigen auf dem Bild zweifelsfrei identifizierbaren Gebäude, die heute noch existieren. Den großen Rest haben die verheerenden britischen Bombenangriffe im Dezember 1944 in Schutt und Asche versinken lassen. Nur die Steipe wurde wieder aufgebaut (1969/70), der Rest durch Neubauten ersetzt, von denen ein markanter auch schon wieder von der Bildfläche verschwunden ist. Für den Bau des Einkaufszentrums Trier-Galerie (eröffnet im September 2008) musste der erst Mitte der 50er Jahre errichtete Paulinus-Komplex weichen.

Straßenbahnen fahren seit 1951 nicht mehr durch Trier. Und die Hauptverkehrsachsen der Altstadt sind breiter geworden.

Die Zeder ...

... könnte viel erzählen

Die Bombardierung des Kornmarktes Ende 1944 zerstörte ein historisch wertvolles Bauensemble. Im Gegensatz zu Rathaus, Kaufhaus, Hotel Zur Post und Casino kam das Postgebäude noch glimpflich davon. Der Wiederaufbau begann zögerlich. Noch bis Mitte der 1950er Jahre standen die Mauerruinen von Rat- und Kaufhaus und warteten auf die endgültige Entscheidung des Stadtrates über ihre Zukunft. Die Stadt entschied sich für eine völlige Neubebauung. Die Industrie- und Handelskammer – IHK – errichtete zusammen mit einer Versicherungsanstalt ein Wohn- und Geschäftshaus. Die Fassade erhielt damals eine Verkleidung aus roten Sandsteinplatten (diese wiederum wurden im Sommer 2011 durch energetisch bessere Platten ausgetauscht). Geschützt wurde damals schon die Zeder, die auf dem Baugelände stand. Die Einweihung des IHK-Gebäudes erfolgte im Sommer 1957. Direkt daneben wurde im Auftrag der Deutschen Bank ein weiterer Neubau errichtet. An der Ecke zur Fleischstraße entstand, veranlasst durch den Kaufmann Peter Zimmermann, ein neues Möbelhaus (heute gibt's hier über zwei Etagen Mode zu kaufen). Auch das Casino wurde 1954 durch die Franzosen wieder aufgebaut. Stück für Stück erhielt der Kornmarkt sein neues Gesicht.

Die Reste des ebenfalls stark zerstörten St. Georgs-Brunnens wurden 1955 geborgen und in eine Steinmetzwerkstatt gebracht. Die Bildhauer Christmann und Hamm waren mit der Wiederherstellung des Brunnens beauftragt worden. Der damalige Oberbürgermeister Dr. Raskin übergab am Silvestermittag 1958, im Beisein vieler Gäste, den Brunnen wieder an die Bürger. Einen kleinen Schönheitsfehler hatte die Sache. Um innerstädtisch mehr Parkflächen für den immer stärker zunehmenden Individualverkehr zu bekommen, wurde der Brunnen kurzerhand an die Fleischstraße gerückt und dort aufgebaut.

Durch die Umgestaltung des Kornmarktes 2003 hat dieser Platz in jeder Beziehung gewonnen. Ein Wasserband trennt die neue Pflasterfläche von der wassergebundenen Decke, auf der, eingefasst durch zwei Baumreihen und Sitzbänke, der St. Georgs-Brunnen seinen Standort behalten hat. Um die Zeder herum wurde ein Hochbeet mit Sitzstufen angelegt. Der Wegfall öffentlicher Parkplätze schaffte mehr Flächen für die Außengastronomie. Neben Hauptmarkt und Domfreihof ein weiterer schöner Platz in Trier, der zum Verweilen einlädt.

Heraus …

Wo Fielmann draufsteht und auch drin ist, das gehört in diesem Falle Fielmann. Günther Fielmann (Jahrgang 1939), der Gründer des Hamburger Augenoptiker-Konzerns, hat neben unternehmerischem Talent ein Faible für historische Immobilien.

In der Trierer Altstadt verband er beides miteinander.

Er kaufte das denkmalgeschützte Wohn- und Geschäftshaus Fleischstraße 28 und sanierte und restaurierte es 2009/10 mit Millionenaufwand. Nutzer der Geschäftsräume ist seither die Trierer Filiale des Unternehmens, die im Nachbarhaus Fleischstraße 26 aus allen Nähten geplatzt war.

Lohn der Mühen: ein erweitertes Angebot auf größerer Fläche – und auch ein aufwendig herausgeputztes Schmuckstück im Stadtbild.

Der renommierte Trierer Architekt Franz Josef Kuhn, der 1910/12 mit dem Kaufhaus Haas (später Insel, heute Sinn Leffers) an der Neu-/Fahrstraße für Furore

... *geputzt*

gesorgt hatte, setzte drei Jahre später im Auftrag von Konditormeister Gustav Amling in der Fleischstraße 28 einen weiteren prägenden Akzent: ein für seine Zeit hochmodernes Haus in verspielter Reformarchitektur-Variante. Amling betrieb im Erdgeschoss sein „Ratscafé". Bevor Fielmann das Haus Fleischstraße 28 von einer Erbengemeinschaft erwarb, hatte es ein halbes Jahrhundert lang ein „Brauns Fischrestaurant" beherbergt.

Alte Ära ...

... neue Ära

Zwei Parkhäuser, von denen eines schon gar nicht mehr existiert, ein Kaufhaus, ein Einkaufscenter und und und: An kaum einer Ecke Triers haben Neubauprojekte so oft in den vergangenen Jahrzehnten das Stadtbild verändert wie im Quartier rund um den Nikolaus-Koch-Platz. Anno 2000 wurde sogar das wahr, was noch zehn Jahre zuvor als völlig undenkbar schien: Das Verlagsgebäude des Trierischen Volksfreunds samt Druckhaus verschwand von der Bildfläche.

Auch wenn der legendäre letzte TV-Verleger Nikolaus Koch (1908 bis 1982) in den 60er und 70er Jahren kräftig aufgerüstet und das Verlagsareal vergrößert hatte – als 1993 auch seine Witwe Louise starb, war der Anfang vom Ende der TV-Ära in der City eingeleitet.

Das Medienunternehmen, inzwischen zur Saarbrücker Zeitung und dem Holtzbrinck-Konzern gehörend, bezog im Mai 2000 einen Neubau auf der „grünen Wiese" in der Hanns-Martin-Schleyer-Straße.

Die alten TV-Gebäude wichen einem von der Nikolaus-Koch-Stiftung, der Rechtsnachfolgerin des Verlegerehepaares, errichteten Neubaukomplex mit dem Namen Plaza Carree. Hauptmieter ist das Park-Plaza-Hotel.

Der Trierische Volksfreund zeigt aber immer noch an alter Stätte Flagge: Zu den Läden im Erdgeschoss gehört das TV-Service-Center Trier mit angeschlossener City-Redaktion.

Der blaue Dunst ...

1972, als das historische Foto entstand, gab es einen triftigen Grund zum Feiern in der Frauenstraße. Damals bestand die Tabak- und Zigarettenfabrik Heintz van Landewyck seit 125 Jahren. Das 1847 in Luxemburg gegründete Unternehmen hatte 1925 eine Zweigniederlassung in Trier gegründet, eben in der Frauenstraße.

Die nächsten runden Jubiliäen (150 Jahre Landewyck und 75 Jahre in Trier) wurden aber bereits am heutigen Standort in der Niederkircher Straße gefeiert: 1996 waren Produktionsbetrieb und Verwaltung ins Industriegebiet Euren gezogen.

Zwischen Frauenstraße und In der Olk, wo sich der blaue Dunst sprichwörtlich verzogen hatte, war nun der Weg frei für ein Novum in Trier: eine Seniorenwohnanlage mit Hotel. Der Komplex mit 200 Wohneinheiten wurde fast komplett neu gebaut, nur der denkmalgeschützte einstige Landewyck-Verwaltunsgbau blieb stehen.

Überhaupt steht die so genannte Seniorenresidenz auf geschichtsträchtigem Boden. Der Name Frauenstraße geht auf das „gemeine Frauenhaus" (neudeutsch: Bordell) zurück, das sich im 16. Jahrhundert dort befand, und vor dem Bau der Wohnanlage entdeckten Archäologen des Rheinischen Landesmuseums an der Parallelstraße In der Olk nebst anderen Römerrelikten ein gut erhaltenes Mosaik aus dem 2. Jahrhundert. Motiv: ein Seeungeheuer, flankiert von zwei Fischen und einem Delfin.

... *hat sich verzogen*

Zuckerbergstraße …

... *Symbole moderner Kurzlebigkeit*

Das hätte es zu Römer-Zeiten nicht gegeben. In der Antike wurde quasi für die Ewigkeit gebaut. Die Porta Nigra steht immerhin schon seit mehr als 1800 Jahren. Die Lebenszeit der beiden Gebäude auf dem historischen Foto endete jeweils nach wenigen Jahrzehnten. Was ursprünglich sicher nicht so gedacht war.

Das städtische Schulgebäude, 1958 errichtet, war bereits 40 Jahre später ein Fall für die Abrissbagger. Folge nicht zuletzt der zurückgehenden Schülerzahlen und Konsequenz der Dauerebbe in der Stadtkasse. Die Pestalozzi-Hauptschule war 1994 in den Komplex des aufgelösten Treviris-Gymnasiums am St.-Barbara-Ufer (Trier-Süd) gezogen.

Nach nur 31 Jahren verschwand das 1975 gebaute City-Parkhaus zwischen Metzel- und Zuckerbergstraße von der Bildfläche. Folge einer Kombination von fortschreitendem Zerfall und Platzbedarf. Die marode gewordene und deshalb aus dem Verkehr gezogene Stahlbeton-Großgarage mit 400 Stellplätzen machte Platz für einen Teil der Trier-Galerie (eröffnet 2008). Deren Stellplatzbedarf deckt das 2000 in Betrieb gegangene neue City-Parkhaus auf dem ehemaligen Pestalozzi-Schulgelände. Kapazität: 950 Personenwagen.

Die beiden Neubauten verbindet eine Fußgängerbrücke über die Zuckerbergstraße und ein darunter verlaufender Tunnel.

Von Kaiser's Kaffee …

Wenn das Gebäude, das auf der historischen Aufnahme zu sehen ist, heute noch stehen würde, hätte Trier mit Sicherheit ein Baudenkmal mehr zu bieten. Das dreigeschossige, breit gelagerte Geschäftshaus Brotstraße 1 (damalige Schreibweise: Brodstraße) bildete die Platzwand an der Gabelung von Brot- und Grabenstraße in Richtung Palaststraße. Ungefähr dort, wo heute der Pranger steht, stand damals eine Gaslaterne. Ihr Kandelaber stammte aus der Quinter Hütte. Sie war das Zierstück des kleinen Platzes. Durch die Luftangriffe im Dezember 1944 wurden viele Häuser im Bereich der Brot- und Grabenstraße zerstört. Auch dieses Haus, in dem sich damals das Hotel „Im Römer" und Kaiser's Kaffee-Geschäft befanden, wurde schwer beschädigt; nur die Fassaden sind stehen geblieben. Aber auch sie konnten letztlich nicht erhalten werden. Nichts ist übrig geblieben von dem einst schönen Barockhaus an dieser exponierten Lage.

... zu Benetton

Bevor an den Wiederaufbau gedacht werden konnte, mussten erst einmal die gewaltigen Schuttmengen entsorgt werden. Das Areal an der Spitzmühle wurde unter anderem dafür genutzt. Der Wiederaufbau des auch als Haus „Hoppe-Junk" bekannten Anwesens Brotstraße 1 dauerte etwas länger. Anfang der 1950er Jahre wurde schon ein viergeschossiger Neubau genehmigt. Errichtet wurde aber nur ein eingeschossiger Bau mit zwei Kellergeschossen. Hier wurde dann von der Firma Hoppe-Junk ein Schreibwaren- und Papiergroßhandel betrieben. 1966 wurde ein weiteres Geschoss errichtet. Doch erst 1977 konnte der Bau endgültig fertig gestellt werden. Zuvor sorgte noch die beabsichtigte Gestaltung der Fassaden und die Gestaltung bzw. Form des neuen Daches für viel Diskussionsstoff. In einigen Gesprächsrunden mit den Planern und den zuständigen Ämtern der Stadtverwaltung wurden die verschiedenen Fassadenentwürfe erörtert. Schließlich wurde ein Kompromiss gefunden. Das Ergebnis ist, einschließlich der erst 1981 über dem Erdgeschoss angebrachten umlaufenden Kragplatte, auf der aktuellen Aufnahme zu sehen. Anstatt Schreibwaren gab es ab 1981 modische und preiswerte Schuhe der Marke MP. Heute findet man in den Geschäftsräumen des Erd- und Obergeschosses eine Filiale der Firma Benetton, ein italienisches Unternehmen, das mittlerweile schon 45 Jahre in der Mode- und Bekleidungsbranche tätig ist. Eine Steigerung des Bekanntheitsgrades hat Benetton durch ein Engagement in der Formel 1 in den 1980er und 1990er Jahren sowie durch provokante Werbeaktionen erreicht. Michael Schumacher wurde 1994 auf einem Benetton-Ford zum ersten Mal Formel-1-Weltmeister.

Der hl. Philippus …

... thront an der Ecke

Erst hat ein Gebäude – bis auf zwei Artillerietreffer – den Krieg überstanden, dann wird 1947 unter Fachleuten diskutiert, ob gerade dieses Bauwerk für eine Verbreiterung der Johann-Philipp-Straße abgerissen werden sollte. Doch es kam nicht dazu. Bei dem betreffenden Gebäude handelt es sich um das Eckhaus Johann-Philipp-Straße 1. Es wurde 1897 als Bekleidungshaus für die Firma Franz Rudersdorf errichtet. Zu kaufen gab es Herren- und Damenkonfektion, Kindergarderobe und Schuhe. Nach dem Krieg übernahm die Firma Hettlage die Geschäftsräume. 1953 wurde das Eckgebäude mit dem angrenzenden Haus Brotstraße 40 verbunden und zu einem Bekleidungshaus für Damenmoden ausgebaut. Dem Zeitgeist geschuldet ist die 1967 angebrachte, über alle Geschosse verlaufende Fassadenverkleidung aus Kunststoffelementen. Für diese Maßnahme mussten Bauzier, Werksteine und der Erker weichen. Nur der heilige Philippus wurde auf eine Kragplatte gestellt und sicherte sich so weiterhin einen Platz an der Sonne. Die weiß gefasste Figur, die der Straße einen Teil des Namens gibt, erschuf 1758 der Bildhauer Joseph Amling. Daneben steht, in überdimensionalen Buchstaben, die Werbung der Firma Hettlage.

Dieses Erscheinungsbild hielt sich bis 1993. Dann erfolgte neben der baulichen Trennung der Häuser auch die Demontage der Verkleidung. Neue Fassaden mussten entworfen werden. Mit modernen und bewahrten Stilelementen. Eine spannende Aufgabe für den Architekten. Das Ergebnis kann sich sehen lassen. Zum Beispiel die wieder freigestellte abgeschrägte Eingangsachse. Hier bildet der neue Erker aus Stahl den markanten Blickfang an der Ecke von Brot- und Johann-Philipp-Straße. Darunter steht die Figur des hl. Philippus wieder an ihrem angestammten Platz.

Die Firma Hettlage Süd eröffnete im Sommer 1993 ein neues Bekleidungshaus in der Grabenstraße 14 und 17. Doch der Erfolg hielt nicht lange an. Hettlage Süd ging, nachdem Hettlage Nord schon 1994 hatte aufgeben müssen, im April 2004 in Insolvenz.

Vom Blaufärberbetrieb ...

Selbst für eine so traditionsreiche Stadt wie Trier ist die Firma „Zur Blauen Hand" etwas ganz Besonderes, denn das Modehaus in der Brotstraße kann nicht nur auf ein mehr als 200-jähriges Bestehen zurückblicken, sondern wird, mittlerweile in der sechsten Generation in derselben Gründerfamilie fortgeführt.

Den Anfang machte Johann Nikolaus Müller im Jahre 1797 mit dem Handwerk der Blaufärberei in der Weberbach. Im Laufe der Zeit wurde die Färberei um den Tuchhandel und Tuchfabrikation (die heutige TUFA) erweitert. Auf das Färben der Stoffe mit dem blauen Farbstoff Indigo geht der Firmenname zurück, denn das Färben hinterließ seine Spuren an der Hand des Färbers.

In Trier sagt man nicht „ich gehe zur Firma Müller, sondern ich gehe zur Blauen Hand".

Der Tuchhandel wurde nach dem Ersten Weltkrieg von der Weberbach in das erworbene Haus Brotstraße 42 verlegt. Die um 1900 entstandene Aufnahme zeigt noch das Vorgängergebäude aus der Barockzeit, das die Familie Müller komplett umbaute und im Jahre 1921 dann als Tuch- und Bekleidungshaus, Johann Nic. Müller „Zur Blauen Hand", eröffnete.

Diese Firmenbezeichnung ist in Trier und im Trierer Land zu einem festen Begriff geworden.

Durch den bedeutenden Dichter Stefan Andres und seinen 1953 erschienenen

... zur „Blauen Hand"

Roman „Der Knabe im Brunnen" fand dieses Markenzeichen sogar Eingang in die Literatur.

Das im Zweiten Weltkrieg völlig ausgebrannte Haus in der Brotstraße wurde wieder aufgebaut und durch den Erwerb benachbarter Häuser bedeutend erweitert. Es erstreckt sich heute von der Brotstraße bis zum Kornmarkt.

Die Figur des hl. Johannes an der Ecke Brotstraße ist erhalten und hat wie eh und je ein Auge auf das, was sich in Brot- und Johann-Philipp-Straße abspielt.

Mit Dipl.-Kaufmann Michael Müller als Geschäftsführer leitet heute die sechste Unternehmer-Generation die Geschicke der Firma, die zum größten Herrenausstatter des Landes avanciert ist.

Sie hat sich vom Blaufärberbetrieb des Gründers mit Tuchhandlung über die Tuchfabrik zum Modehaus für Herren und Kinder entwickelt. Es ist den Verantwortlichen stets gelungen, sich verändernden Verhältnissen mit neuen Initiativen anzupassen und weiterzuentwickeln.

Die „Blaue Hand" steht in Trier beispielhaft für eine Firma, die mit Trier verwurzelt und gewachsen ist. Ein Haus mit einzigartiger Tradition und immer aktuellen Programmen.

Die „Blaue Hand" ist gleichzeitig ein Stück Trierer Stadtgeschichte.

Konstantinstraße …

... schaffte Durchblick

Diesen freien Blick vom Kornmarkt über die Brotstraße auf die Basilika kann der Trierer noch nicht lange genießen. Die erst 1958 so benannte Konstantinstraße ist das Ergebnis der „Brandgassenaktion" im Jahre 1944. Dabei ging es um die Anlage von Fluchtwegen und Brandgassen, die in der eng bebauten Altstadt bei den zunehmenden Luftangriffen und Zerstörungen notwendig schienen. Es flossen aber auch städtebauliche Konzepte des früheren Baudezernenten Otto Schmidt mit ein. In Folge wurden ca. 175 Häuser im Bereich von Brot- und Fleischstraße, Jüdemerstraße, Breitenstein, Neustraße und Viehmarkt abgebrochen.

Als erste Maßnahme erfolgte der „Basilika-Durchbruch", mit dem die Öffnung der Brotstraße und eine direkte Verbindung vom Kornmarkt zur Basilika erreicht wurden.

Die Gebäude der Konstantinstraße sind allesamt in den 1950- und 1960er Jahren als Geschäfts- und Bürohäuser im Stil der Zeit entstanden.

Die auf dem linken Foto (1990er Jahre) zu sehenden Geschäfte Langhardt und Quelle sind bereits Geschichte. Das Bekleidungshaus C&A wurde zur Straße hin erweitert.

Die Trierer Filiale der Firma Langhardt bestand 41 Jahre am Standort Brotstraße/Ecke Konstantinstraße. Hier wurden hochwertige Lederwaren, Taschen und Koffer verkauft. Die Schließung der Trierer Filiale im Jahre 2003 erfolgte im Zuge der bundesweiten Aufgabe der Firma. Das Sortiment des heutigen Geschäftes „Schuhwerk" ist ähnlich wie die des Vorgängers.

Die „Quelle" in Trier schloss Ende des Jahres 2009 infolge der Insolvenz des Mutterkonzerns. Das Gebäude, das vorher auch Büros und eine Arztpraxis beherbergte, wird derzeit einer grundlegenden Sanierung und Umbaumaßnahme unterzogen, um eine Penthouse Etage aufgestockt und soll anschließend für Wohn- und Bürozwecke genutzt werden.

Von Knapp ...

... zum Punkt

Im Haus Brotstraße Nr. 20 eröffnete die Firma Knapp im Jahr 1982 ihre Filiale in Trier. Die Firma Knapp wurde Mitte des 19. Jahrhunderts als Familienunternehmen gegründet und hatte im Jahr 1982 im süddeutschen Raum 22 Filialen. Damit zählte sie damals zu den größten Facheinzelhandelsunternehmen in Deutschland. Ihr Geschäftsbereich war der Verkauf von Uhren und Schmuck. So war es auch in der neu eröffneten Filiale in Trier. Auf den zwei Etagen des Hauses konnte ein außergewöhnlich umfangreiches Sortiment an Damen- und Herren-Armbanduhren angeboten werden. Die Auswahl reichte von preiswerten Standardmodellen bis zu hochwertigen Markenuhren der Firmen Junghans, Seiko, Citizen usw. Sehr beliebt war die hauseigene Marke „Descartes", an die sich manche Leser sicher noch erinnern werden. Das Uhrensortiment wurde um unzählige Schmuckstücke erweitert.

Heute zeigt sich das Haus im Erdgeschoss stark verändert. Die Arkaden wurden in den Laden integriert und die Verkaufsräume zur Straße hin erweitert. Hier hat heute ein anderer Filialist sein Geschäft. „Runners point" bietet alles, was der Kunde zum Laufen benötigt: Schuhe, Kleidung und reichhaltiges Zubehör für die sportlich aktive Generation.

Moritz & Senger ...

... war einmal

„Triers Geschäftswelt blutet weiter aus" titelte der Trierische Volksfreund im Juli 1994, als bekannt geworden war, dass Moritz & Senger 1995 schließen werde. Moritz & Senger, 25 Jahre zuvor noch als „Großkaufhaus" bezeichnet, war nicht mehr groß genug in einer sich rapide verändernden Geschäftswelt in der Fußgängerzone. Das historische Foto, das Josef Tietzen 1969 schoss, dokumentiert die Vorgeschichte des Dilemmas. Der Trierer Traditionsbetrieb hatte in der Brotstraße 32 ein neues „Möbelhaus" eröffnet, weil das nur wenige Schritte entfernte alte zu klein geworden war.

1500 Quadratmeter maß nun die Gesamt-Geschäftsfläche der drei Standorte in der Brotstraße. Zu wenig, um dauerhaft zu überleben. Die größere Verkaufsfläche, die Alfred Senger und Günter Moritz damals anstrebten, war für sie in der Fußgängerzone nicht realisierbar. Die Gesellschafter kapitulierten vor den Warenhäusern, als sie das Haupthaus schlossen, dessen Lebensmittelabteilung viele Trierer heute noch nachweinen. Dort eröffnete Sinn (heute Sinn Leffers) seine Wäschegalerie.

Das Möbelhaus überlebte noch einige Jahre. Seit 1999 befindet sich in der Brotstraße 32 die Trierer Filiale der Betten-Fachgeschäftskette Gebers.

Füting ...

Bereits im Jahre 1845 gründete der Goldarbeiter und Juwelier Joseph Brems hier seine Firma, die neben Goldschmiedearbeiten von Anfang an auch auf sakrale Kunst spezialisiert war.

1871 inserierte Brems – jetzt als Firma Brems-Varain – neben Kirchengefäßen eigener Arbeit und Uhren: „Größtes Lager optischer Gegenstände, Brillen, Reise- und Theaterperspectiven, Loupen, Microscope" auch sein „Physicalisches Lager: Nivellier-Instrumente, Libellen, Canal-Waagen, Kreuzscheiben, Winkelspiegel etc.".

Die Firma wuchs weiter und unterhielt Filialen in Köln und Saarbrücken.

Mit dem Eintritt eines weiteren Sohnes, Joseph Christoph, 1886 in die väterliche Firma, begann der eigentliche Aufstieg des Hauses. Sie war regelmäßig auf nationalen, internationalen und den Welt-Ausstellungen vertreten, wurde ausgezeichnet und war um 1900 weltbekannt. Joseph C. Brems trug die Titel Domgoldschmied,

... Kunst und Tradition

Goldschmied Sr. Heiligkeit Papst Leo XIII und Hofjuwelier. Neben dem Geschäft in der Brotstraße 25 errichtete Brems-Varain in der Gartenfeldstraße eine große neue Werkstätte, in der neben Gold- und Silberarbeitern, Ziseliere, Graveure, Emailleure, Gießer, Formenmacher und andere Hilfskräfte beschäftigt waren.

1913 kaufte der Goldschmied Josef Wilhelm Jung den Laden und die Firma und führte sie in kleinerem Umfang weiter. In dieser Familie wird die Firma heute unter dem Namen Füting in der vierten Generation fortgeführt.

1981 erweiterte Juwelier Alfred Füting sein Angebot um ein besonders anspruchsvolles Schmuckmetall, nämlich Platin. Das Atelier Füting steht heute für Gold, Platin und Schmuck in höchster Qualität, entweder als Einzelstücke in der eigenen Werkstatt gefertigt oder von bedeutenden Schmuckgestaltern.

In den 1980er Jahren entstand auch das linke Foto, das den Laden nach dem Umbau von 1978 zeigt.

Das Haus Brotstraße 25 geht auf die Bauten des Jesuitenkollegs 1719 zurück und wurde dann um die Mitte des 19. Jahrhunderts von Josef Brems verändert, als seine Firma hier ansässig wurde. In dieser Zeit entstand der heute noch bestehende klassizistische Ladeneinbau.

Zum Haus Brotstraße 25 und zur Familie Füting gehört auch der angrenzende Laden in der Jesuitenstraße. 1980 wurden dort Schirme angeboten. Heute findet der anspruchsvolle Kunde hier Wäsche.

Wo Lintz ...

Die historische Aufnahme gewährt einen Blick auf die ausgedehnten Gebäude der früheren Druckerei und Verlag Jakob Lintz, Brotstraße 33, in Trier.

Jakob Lintz gründete 1801 den gleichnamigen Verlag und Buchhandlung in Trier. Sein Sohn Friedrich erweiterte das Unternehmen 1851 um eine Kunsthandlung und ein Jahr später um eine Lithographenanstalt. Mit dem Erwerb der Hetzrothschen Druckerei mit Verlag bekam er das Verlagsrecht der „Trierischen Zeitung".

1898 teilte sich die Firma in eine Sparte „Druckerei und Verlag Jakob Lintz" sowie „Verlag der Fr. Lintz'schen Buchhandlung Friedrich Valentin Lintz", als Buch- und Kunsthandlung. 1966 zog die Firma Druckerei Lintz nach Trier-Euren.

Das Haus Brotstraße 33 wurde durch Luftangriffe im 2. Weltkrieg zerstört und durch einen Neubau ersetzt.

... Druck machte

Von der Weberbach ...

Der gebogene Straßenzug der Palaststraße, der entlang der mittelalterlichen Dommunitätsgrenze vorbeiführt, verbindet auf kürzestem Weg den Hauptmarkt und die Grabenstraße mit dem Konstantinplatz und der Palastaula (Basilika). Schon seit 1273 weist der Straßenname „platea palaci" auf diesen Monumentalbau hin. Die uneinheitliche Bebauung des zur Grabenstraße abfallenden Straßenzuges hat immer noch wertvolle Baudenkmäler zu bieten. Die ehemaligen Zunfthäuser der Leyendecker und Steinmetze sind leider nicht mehr erhalten, jedoch das Zunfthaus der Zimmerleute und Schreiner. Dieses gotische, vermutlich um 1400 errichtete Zunfthaus ist unter der Hausnummer 12 zu finden. Die Ladenzone, die um 1900 nach Plänen des Bauunternehmers Joseph Mendgen umgebaut wurde, teilen sich zwei Geschäfte. In dem einen gibt es Mode für Männer und in dem anderen Wein.

Etwas weiter oberhalb sind die städte-

... in die Palaststraße

baulichen Bemühungen zu besichtigen, eine großflächige Handelseinrichtung (Warenhaus) in das überwiegend kleinmaßstäbliche Gefüge des Straßenzuges zu integrieren. Das 1841 von den Niederländern Clemens und August Brenninkmeijer (deutsche Schreibweise: Brenninkmeyer) gegründete Handelsunternehmen für Textilien hatte seit Anfang der 1970er Jahre eine Filiale in Trier, die schon wenige Jahre später aus allen Nähten platzte. Die Erweiterung erfolgte 1983 auch entlang der Palaststraße. In diesem Zusammenhang wurden die noch verwertbaren Bauteile der gotischen Giebelfassade des ursprünglich an der Weberbach 19 gelegenen Hauses Isenberg eingefügt. Die Fassade hatte den Krieg in der vom Bombenhagel wenig verschonten Weberbach zwar überstanden, jedoch wurde das Dach zerstört. Das Haus musste mit einem Notdach abgedeckt werden. Später stand das stark renovierungsbedürftige Haus einer Straßenverbreiterung im Wege. Im Rahmen des Abrisses erfolgte eine baugeschichtliche Untersuchung. Die noch verwertbaren Werksteine wurden im damaligen „Steinlager" der Denkmalpflege am Flugplatz Euren zwischengelagert, um später wieder eingebaut zu werden. Das Ganze nennt man Translozierung (Versetzung), ein Fachbegriff, der in der Denkmalpflege den dokumentierten Abbau und anschließenden möglichst originalgetreuen Wiederaufbau eines historischen Gebäudes an einem anderen Standort beschreibt.

Kontinuität ...

... im Wandel

Was auf dem historischen Foto vom Oktober 1969 nach Beseitigung von Kriegsschäden aussieht, war in Wirklichkeit ein Neubauprojekt, das den Aufbruch des Modehauses Marx in eine neue Ära der Unternehmensgeschichte ermöglichte.

1835 am Breitenstein als Tuchmacherbetrieb gegründet, wechselte die Firma 40 Jahre später in den Tuchhandel.

Die nächste große Neuausrichtung erfolgte 1958: Marx, inzwischen als Tuchgroßhandel, Tuchgroßversand und im Verkauf von Futterstoffen und Schneiderbedarf tätig, begann mit dem Verkauf von Konfektionsware, hauptsächlich als Großhandel. So erfolgreich, dass man 1968 in den Einzelhandel einstieg. Die benötigten neuen Verkaufsflächen wurden in dem Erweiterungsbau an der Konstantinstraße geschaffen. Weitere räumliche Expansionen folgten. 1989 schloss der Turmbau die Lücke zum benachbarten „Maison de France", einem Kasino für französische Soldaten, das zur Jahrtausendwende ins Modehaus mit einbezogen wurde.

Die überstandene Insolvenz (2002/03) ging mit einem Gesundschrumpfungsprozess einher. Marx gab die Filialen in Mainz und Bingen auf und holte die Herrenmode-Abteilung von der gegenüberliegenden Straßenseite des Breitensteins ins Stammhaus. Heute bietet die sechste Generation des Familienunternehmens auf 3200 Quadratmetern Damen- und Herrenmode – immer noch dort, wo Joseph Marx 1835 den Tuchmacherbetrieb gegründet hat.

Von der Schreibmaschine …

... zum Kuscheltier

Deutlich zeigt das Foto von 1978 die Werbeaufschrift „Donders AM DOM" an dem Haus Liebfrauenstraße 5. Angeboten wurden dort Produkte aus den Bereichen Büromaschinen, Büromöbel, Büroorganisation sowie Spiele und Geschenke. Seit 1986 hat die „Rappelkiste" die Geschäftsräume von Donders Am Dom übernommen. Auf 160 Quadratmetern startete Ursula Seiler damals mit ihrem Konzept, „richtig gutes Spielzeug und individuelle Geschenke" anzubieten. 1990 wurde das Angebot sogar auf rund 200 Quadratmeter erweitert. Der Laden mit der aktuellen, sehr gelungenen Werbeanschrift ist eine Fundgrube für kleine und große Kinder. Heißt es doch oft gerade im Spielzeug-Laden „Bitte nichts anfassen", findet man in diesem Geschäft eine wohltuende Ausnahme. Hier darf man schauen, stöbern und, was ganz wichtig ist, Spiele ausprobieren. Auch die Sonderveranstaltungen haben es in sich. Vom „düsteren" Spiele-Abend für Erwachsene mit Krimi-Rätseln und Hexerei bis zu „zauberhafter Zauberei" für Kinder sind im Angebot. Im August 2011 feierte die Rappelkiste ihren 25. Geburtstag. Die historischen Räume verleihen dem Laden einen besonderen Reiz. Hoffentlich können noch viele Kinder, egal welchen Alters, die Spielzeugwelt der Rappelkiste kennen lernen.

Das Bauwerk selbst kann auf eine lange Geschichte zurückblicken. Zusammen mit dem Nachbargebäude Liebfrauenstraße 6 gehörte es zum einstigen Franziskanerinnen-Kloster St. Afra, dass 1271 gegründet worden ist. Die in ihren Umfassungsmauern erhaltene Klosteranlage geht auf einen barocken Neubau zurück. Die ehemalige Kirche (Liebfrauenstraße 6) wurde 1724 fertig gestellt. Das Klostergebäude (Liebfrauenstraße 5) wurde zwischen 1713 und 1728 erbaut. Nach Aufhebung des Klosters durch Kurfürst Clemens Wenzeslaus diente es ab 1788 als Mädchenwaisenhaus, von 1851 bis 1879 als Töchterschule, um dann schließlich zum Wohn- und Geschäftshaus umgebaut zu werden.

Getrennt durch …

... die Engelgasse

Das historische Foto, das um 1906 entstanden sein dürfte, zeigt uns vom Standort Fahrstraße aus die beiden Geschäftshäuser Musikhaus Kessler und die Jesuitenapotheke. Sie stehen am Übergang der Brotstraße in die Neustraße. Zwar gab es damals noch nicht die heutige Fußgängerzone, doch die Männergruppe mitten auf dem Straßendreieck zeugt von einer gewissen Beschaulichkeit der Zeit. Sie konnte allerdings durch die elektrische Straßenbahn, die durch die Stadt fuhr, gestört werden. Die Schienen der 1905 eröffneten „Elektrischen" sind deutlich zu erkennen.

Das Haus Brotstraße 28, in dem seit 1905 Hans Kessler eine Musikalien- und Instrumenten-Handlung betrieb, gehörte vormals zum ehemaligen Jesuitenkolleg, das von den Straßen Brotstraße, Jesuitenstraße und Weberbach begrenzt wurde. Das Musikhaus Hans Kessler befindet sich heute unweit des Hauptmarktes in der Dietrichstraße. Durch die neuen Schaufenster zeigt sich das Haus, in dem sich heute ein Trierer Modegeschäft befindet, im Erdgeschoss stark verändert.

Durch die frühere Engelgasse getrennt, wurde das benachbarte Gebäude Neustraße 1 im Jahre 1882 von dem Apotheker Gerlinger im späthistoristischen Stil errichtet. Das Haus bildet nur zur Neustraße hin eine Fassade aus, die eine anspruchsvollere Architektur eines Geschäfts- und Miethauses des ausgehenden 19. Jahrhunderts zeigt. Dort befindet sich die traditionsreiche Trierer Jesuitenapotheke.

Von Haas ...

Eigentlich beginnt die Geschichte dieses Hauses 1869 mit der Gründung eines Kurzwarengeschäftes durch Hermann Haas in der Neustraße 97. Zusammen mit seiner Ehefrau Berta baute er ein sehr erfolgreiches Geschäft auf. Durch den frühen Tod von Hermann Haas 1886 musste seine Frau den Betrieb mit den noch minderjährigen Söhnen Max und Albert weiterführen. Das gelang so erfolgreich, dass das bis dato größte Trierer Kaufhaus errichtet werden konnte. Am 2. April 1898 wurde das Warenhaus mit 18 Angestellten eröffnet. Die Beleuchtung der Schaufenster mittels elektrischer Bogenlampen war ein weiteres Novum für Trier.

Durch den Zukauf weiterer Nachbargrundstücke war eine Vergrößerung des bestehenden Kaufhauses möglich geworden. Der beauftragte Architekt Franz Josef Kuhn konnte die Bauherren jedoch von seinen innovativen Entwürfen, die einen kompletten Neubau vorsahen, überzeugen.

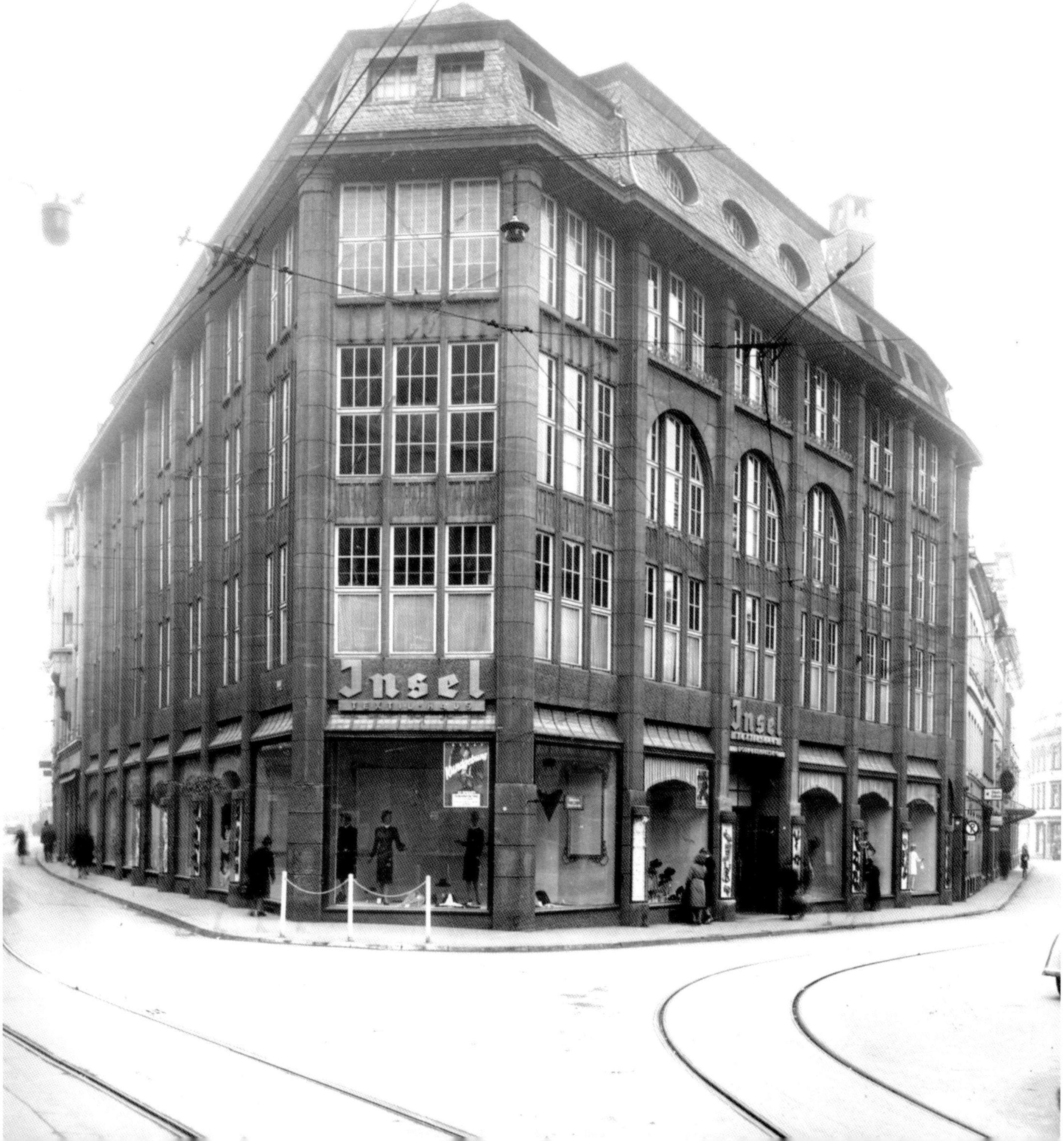
Insel
TEXTILHAUS
Insel

… über die Insel …

... zu neuem Sinn

Die Bauunternehmung August Wolf führte das Projekt von 1910 bis 1913 aus. Durch den markanten, viergeschossigen Mansarddach-Eckbau mit einachsig abgeschrägter Fassade und jeweils sieben Fensterachsen an den Längsfronten wurde an der Straßengabelung von Neu- und Fahrstraße ein neuer, mächtiger, städtebaulicher Akzent gesetzt. Das Warenhaus wurde zum größten bestehenden Warenhaus in Trier. Der Personalbestand stieg stetig bis auf 400 Mitarbeiter im Jahr 1929.

Anfang 1933 zogen dunkle Wolken über dem Kaufhaus Haas auf. Die jüdisch-stämmigen Max und Albert Haas wurden am 13. Mai 1933 verhaftet und in das Gefängnis in der Windstraße eingesperrt. Auch die Ehefrau von Max Haas wurde an diesem Tag verhaftet; sie erhängte sich am 16. Mai 1933. Am 06. September 1933 verstarb Albert Haas. Sein Bruder Max konnte 1935 nach Argentinien emigrieren. Die Firma selbst musste nach anhaltendem Boykott durch die Nazis 1936 zwangsverkauft werden. Sie firmierte unter neuen Eigentümern als „Insel Textilhaus Dorn und Kempkes". Aus dieser Zeit stammt der lange verwendete Name „Insel".

Durch die schweren Luftangriffe im Dezember 1944 wurde das Gebäude stark beschädigt, doch bereits 1948 konnte das Kaufhaus wieder eröffnet werden. Die Erben der Familie Haas erhielten nach dem Krieg das Geschäft zurück und verpachteten es weiter. 1969 konnte hundert Jahre Dienst am Kunden gefeiert werden.

Die Geschichte des Namens Insel mit der allseits bekannten, aber nicht mehr modernen Kaufhausstruktur endete im Frühjahr 1992. Vobei war es auch mit einem besonderen Service des Hauses, einem Fahrstuhlführer, der die Kunden mit viel Eloquenz zu den gewünschten Stockwerken brachte.

In einem Zeitraum von circa 6 Monaten erfolgte dann innen und außen ein Totalumbau mit einer Überarbeitung der historischen, zwischenzeitlich denkmalgeschützten Fassaden entlang der Fahr- und Neustraße.

Mit der architektonisch hochwertigen Erweiterung entlang der Fahrstraße wurde der Beweis erbracht, dass qualitative Architektur ohne Weiteres neben einem historischen Bauwerk stehen kann ohne zu dominieren, aber auch ohne historisierend zu wirken. Planung und Bauleitung lagen in Händen der Planungsgruppe Michel aus Ulm. Im Herbst 1992 konnte die Firma Sinn die Eröffnung ihres Kaufhauses feiern. Die Firma Sinn fusionierte 1997 mit der Firma Leffers zur SinnLeffers AG mit Hauptsitz in Hagen. Nach überstandenem Insolvenzverfahren im Sommer 2009 ist die SinnLeffers GmbH wieder als Textileinzelhandelsunternehmen selbständig. Von 47 Modehäusern sind 24 übrig geblieben, eines davon in Trier.

Immer noch eine …

... haarige Angelegenheit

Wo Frau früher edle Pelze kaufte – werden heute Haare in Form gebracht.

Das Haus Neustraße 7 stammt aus der Gründerzeit und dürfte im letzten Viertel des 19. Jahrhunderts erbaut worden sein. Es stellt in seiner Gesamtheit ein charakteristisches Stadthaus des 19. Jahrhunderts dar.

Vor dem Umzug in die Neustraße hatte Kürschnermeister Dieter Franke sein Geschäft für einige Jahre zunächst in der Hohenzollern-, dann in der Saarstraße. Wegen der guten Auftragslage wurde das Pelzfachgeschäft dann zu Beginn des Jahres 1973 in das Haus Neustraße 6/7 verlegt.

Für sein modisches Schaffen und Wirken erhielt Pelz-Franke in der Folgezeit regelmäßig besondere Auszeichnungen des Deutschen Kürschnerhandwerks. 1983 wurde der Laden so umgebaut, wie er auf dem historischen Foto zu sehen ist.

Doch dann setzte ein anderer Trend ein, die Verbraucher begannen, insbesondere aus Tierschutzgründen, Pelzmode zu meiden. Diese Entwicklung machte auch vor dem Trierer Unternehmen nicht halt, sodass sich die Familie Franke im Jahre 2000 entschloss, das Geschäft aufzugeben.

Es folgten größere Umbaumaßnahmen im Haus, das zum Besitz des Bischöflichen Priesterseminars Trier gehört. In den Laden zogen nacheinander Boutiquen und Geschenkläden ein. Anfang 2007 richtete der bekannte Trierer Friseur Müller hier einen seiner Salons „speedhair" ein.

Meinelt ...

... ist Geschichte

Im Jahre 1963 gründete Friedrich Meinelt sein Modehaus in der Neustraße. Was in kleinem Stil begonnen hatte, entwickelte sich zu einem großen modernen Modehaus. Auf 1200 m² Fläche wurde Mode für Damen- und Herren sowie für Kinder präsentiert. Das Verkaufsmotto der 70er Jahre lautete: „Kostbar, aber nicht kostspielig".

Das historische Foto entstand im Jahre 1972 und zeigt nach dem kompletten Umbau die 80 m lange Schaufensterfront von Meinelt an Neustraße und Kapuzinergässchen.

Das Sortiment wurde später ausschließlich auf Damenmode umgestellt, und neben dem Standort in der Neustraße gab es weitere Geschäftsräume am Porta-Nigra-Platz, in der so genannten Dorint-Passage.

Das Modegeschäft Meinelt in der Neustraße wurde Ende 1996 aufgegeben.

Rund 20 Jahre standen die Räume und die Ruine des angrenzenden ehemaligen Gasthauses Jenny Kasper leer und gammelten vor sich hin. Gleiches gilt für ein ehemaliges China-Restaurant am Kapuzinergässchen. Der Anblick leerstehender und verfallender Gebäude war alles andere als einladend. Über den dortigen Schriftzug „Hier beginnen 400 Meter Einkaufsvergnügen" konnten am Ende nur noch wenige lachen.

Es folgte ein Eigentümerwechsel und groß angelegte Um –und Erweiterungsbauten, in die die angrenzenden Gebäude zum Viehmarkt mit einbezogen wurden.

Zwischen Neustraße, Kapuzinergässchen und Viehmarkt sind im „Kapuziner Karree" und der „Viehmarkt Residenz" zwei große neue Wohn- und Geschäftshäuser entstanden. Die ersten Wohneigentümer und Mieter sind bereits eingezogen. Es folgen nun zur Neustraße und Kapuzinergässchen weitere Geschäfte, wie auf dem aktuellen Foto zu erkennen ist.

Altes Haus …

Die Neustraße ist eine besondere Einkaufsstraße in Trier. Hier finden sich noch bzw. wieder inhabergeführte Läden. Eines dieser kleinen, aber feinen Geschäfte wird von den Modedesignerinnen Kathrin Greve und Julia Schwab geleitet. „Fräulein Prusselise" steht auf der Beschriftung der Schaufensteranlage. Die Ähnlichkeit mit dem Namen Fräulein Prysselius aus den Pippi Langstrumpf-Geschichten von Astrid Lindgren ist kein Zufall. Im Laden selbst wird bunte und verspielte Mode präsentiert, teilweise aus Originalstoffen der 60er und 70er Jahre. Im rückseitig gelegenen Atelier können zudem individuelle Wünsche erfüllt werden. Als Shop im Shop bietet das Label „Fräulein Prusselise" ihre Mode mittlerweile in ganz Deutschland an.

Die baukünstlerischen Veränderungen, die 1912 an dieser Fassade erfolgten, prägen noch heute das Erscheinungsbild. Die aufgeputzte, farbig gefasste Rankenzier mit Wappentafeln weist auf die Berufe der früheren Hausbewohner hin. Metzger, Krämer, Perückenmacher, Schlosser, Uhrmacher, Imker und Maler haben in diesem 1595 errichteten Haus einst ihr Handwerk ausgeübt. Heute wird hier geschneidert und genäht für die junge Mode. Da ist wohl bald eine weitere Wappentafel fällig …

… *junge Mode*

Früher Drahtstift …

Besonders in der Neustraße kann der aufmerksame Betrachter feststellen, dass über die Jahre hinweg einige historische Häuser saniert und so vor dem sicheren Verfall bewahrt wurden. Zu diesen Gebäuden gehört die Neustraße 42.

Das dreigeschossige Wohn- und Geschäftshaus, datiert auf 1596, war vom 18. Jahrhundert bis 1834 als Gasthaus „Zum goldenen Bären" bekannt. 1835 kaufte der Schlossermeister Peter Heil das Anwesen und nahm hier die Produktion von Drahtstiften auf. Aufgrund der starken Konkurrenz verlegte er sich schnell auf den Handel mit Eisen- und Haushaltswaren. Im Groß- und Einzelhandel wurden Öfen, Kochherde, diverse Haushaltsgeräte, Stahlprofile, Bau- und Möbelbeschläge sowie landwirtschaftliche Maschinen vertrieben. Im Innern wurde das Gebäude mehrfach umgebaut. Der tonnengewölbte Keller, der gleichzeitig mit der Fassade entstand, wurde unter Verwendung von überwiegend römischem Altmaterial errichtet. Die Stichbogengewände im Parterre wurden im 19. Jahrhundert eingebaut und 1903 durchgehend zu Fenstertüren verlängert. Auf der historischen Aufnahme fehlt noch die Petrusfigur; sie ist vermutlich erst im frühen 20. Jahrhundert angebracht worden. Das in der Tradition der Gotik stehende Giebelhaus zählt zu den schönsten Häusern in der Neustraße.

Die dezente, auf die historische Fassade abgestimmte Werbeaufschrift „il ghiro, Mode & Style" gibt erste Hinweise auf das in den Verkaufsräumen angebotene Warensortiment. Exklusiv in Trier präsentiert il ghiro unter anderem die hochwertige Mode des holländischen Designer-Labels van Avendonck.

... heute Designermode

Kaffee …

... statt Korsagen

Es gibt sie doch noch, die Idealisten, die in Herzensangelegenheiten investieren ohne sich von der Frage leiten zu lassen, was unterm Strich für sie dabei herauskommt. Ein Vertreter dieser sehr rar gewordenen Spezies ist der Medienproduzent Michael Becker aus Udelfangen, der sich 2009 mit 35 Jahren einen Kindheitstraum erfüllte. Er kaufte das leer stehende Jugendstilhaus Nagelstraße 31, „weil es schon immer ein ganz großer Wunsch von mir war, eines der schönen kleinen historischen Häuser in der Altstadt zu besitzen".

Beim Besitzen bleibt es nicht, denn Becker erfüllt sich gleich auch einen zweiten Wunsch, nämlich eine Art Literaturcafé zu betreiben. Name: Genussgesellschaft.

Dazu hat er in das kleine Haus eine ganz schön große Summe und (gemeinsam mit Vater Franz-Josef Becker) viel körperliche Arbeit gesteckt: 150 Tonnen Schutt fielen bei der Renovierung an. Nach umfassender Restaurierung erstrahlt eine der vom Künstler und Architekten H. Meppert konzipierten und besterhaltenen Jugendstil-Fassaden Triers wieder im alten Glanz: ein faszinierendes Zusammenspiel von Farben und plastischen floralen Elementen, gekrönt von der im Giebelaufsatz über einer Sonnenblume eingebrachten Inschrift „1905", die auf das Erbauungsjahr hinweist. Ein Hingucker und Gewinn fürs Stadtbild.

Ursprünglich wurde im Haus Nagelstraße 31 „feine Damengarderobe" angefertigt und feilgeboten. Es folgte die rund 50-jährige Ära des Miederwarenhauses Fey. Statt Korsagen gibt es im Sonnenblumenhaus künftig Kaffee und Literatur.

Als die ...

1913 war die Welt noch (einigermaßen) in Ordnung und überschaubar. Der Lebensmittelladen von Anna Trierweiler und ihrer Tochter Luise in der Brückenstraße 8 florierte und hatte die leicht zu merkende Rufnummer 830.

In guter Laune ließ sich dieses Quartett ablichten: Luise Trierweiler (rechts) mit ihrer Mutter, einer Kundin (die Dame mit Hut) und dem Lehrmädchen, dessen Name nicht überliefert ist. Bekannt ist aber, dass der Laden den Ersten Weltkrieg (1914–1918) nicht überlebte. Anita Beckmann (Jahrgang 1919, geborene Trierweiler), aus deren Sammlung das historische Foto stammt, kennt das Geschäft nur aus Erzählungen ihrer Mutter und Großmutter.

Die aber hatten bereits um die Bedeutung des Nachbarhauses zur Linken gewusst. Das Haus Brückenstraße 10, in dem Karl Marx (1818–1883) das Licht der Welt erblickte, war lange in Vergessenheit geraten und erst 1904 durch eine gefundene

Umzugsanzeige des Vaters Heinrich Marx in der Trierischen Zeitung vom 5. April 1818 als Geburtshaus identifiziert werden.

Heute befindet sich im Haus Brückenstraße 8 ein Schnellrestaurant (mit sechsstelliger Telefonnummer).

... Telefonnummer noch dreistellig war

Mutti Krause ...

... futtern wie bei Muttern

Es war eine bemerkenswerte Gastro-Odyssee durch die Altstadt, die Leni Krause hinlegte. 1958 hatte sie erstmals auf der Straße Fritten verkauft. Aus der kleinen fahrbaren Pommesbude in der Brotstraße wurde bald ein ansehnlicher Schnellimbiss-Stand an der Konstantinstraße. Erstmals richtig unter Dach und Fach kam „Mutti Krause", die schon zu Lebzeiten zur Legende avancierte, 1970: An der Ecke Weberbach/Seizstraße, dort wo sich vorher die „Tanzbar Oase" befand, eröffnete sie ihren „Schnellimbiss Krause". Futtern wie bei Muttern war nun in einem Gastraum möglich, mit einem frisch gezapften Pils als flankierender Maßnahme zu den stadtbekannten Spezialitäten Bratwurst, Schaschlik, Hähnchen, Kartoffelpuffer, Eintopf – und natürlich Fritten.

Der Schnellimbiss war eine In-Kneipe: Studenten, Werktätige und Besserverdienende bevölkerten die standesdünkelfreie Verzehrzone, in der „Mutti Krause" mit Humor, Herzlichkeit und Hilfsbereitschaft regierte.

Mitreden konnte Leni Krause bei so ziemlich allen Themen: 1922 als jüngstes von 15 Kindern eines Schreinermeisters geboren, hatte sie Schneiderin gelernt, dann eine kaufmännische Schule besucht und in einem Büro gearbeitet. Mit 22 war sie Kriegerwitwe. Später heiratete sie den Bruder ihres in Russland gefallenen Mannes. Als der 1983 starb, übernahm sie die Gaststätte in der Hosenstraße, die ihre letzte Gastro-Station sein sollte. Im Frühjahr 1995 zog sie sich nach einem Schlaganfall in den Ruhestand zurück. Nach ihrem Tod im November 1999 sprach OB Helmut Schröer vielen Menschen aus dem Herzen, als er „Mutti Krause" als „gutes Stück Trier, das uns sehr fehlen wird" würdigte.

Und in der Weberbach gibt es heute Fahrschul-Unterricht statt Fritten.

Weber, Färber …

... Geldgeschäfte

Das historische Foto aus dem Jahre 1903 zeigt die Weberbach in Richtung Basilika. Die vielen damals noch erhaltenen gotischen Bürgerhäuser zeugen vom Glanz dieses alten Stadtviertels, in dem sich seit dem Mittelalter Weber und Färber angesiedelt hatten. Der Straßenname, der erstmals 1240 urkundlich nachgewiesen ist, rührt von dem Stadtbach her, der bis 1820 offen durch die Straße floss. Wollweber und Färber wuschen und spülten darin ihre Wolle und Stoffe.

An der Ecke zur Rahnenstraße stand das markante Haus „Zum Kronenbaum". An der Fassade befand sich ein farbiger Baum aus Stuck, an dessen Gabelung eine Krone angebracht war. Daher der Hausname. Bemerkenswert ist auch der kleine Erker an der Ecke im ersten Obergeschoss, in dem eine Madonnenstatue stand. Dies war das älteste Zunfthaus der Trierer Färber.

Neben dem Färberhaus standen jenseits der kleinen Gasse drei weitere gotische Häuser, von denen das mittlere bis zur Mitte des 19. Jahrhunderts als jüdische Schule diente. Im Bereich des heutigen Priesterseminars befand sich bis dahin auch die jüdische Synagoge, die 1859 an den neuen Standort Zuckerberg verlegt wurde.

Das Bild unserer Tage zeigt anstelle der vier im Krieg zerstörten gotischen Häuser die 1997 erbaute Pax-Bank bzw. die stark erweiterte Rahnenstraße. Das Straßenbild der heutigen Weberbach mit ihrem hohen Verkehrsaufkommen erinnert in keinster Weise mehr an die enge alte Straße vor dem Krieg.

Privatbank ...

... nicht nur für gehobene Ansprüche

Bankgebäude stellt man sich heutzutage anders vor: repräsentativ auf die klotzige Tour.

Aber es geht auch klein und fein. Diese 1900/01 erbaute Villa in der Südallee 20 beherbergte in den 1920er Jahren die „Trierische Privatbank". Der Inhaber Felix Kaufmann betrieb außerdem in der Nähe der Porta Nigra eine Zweigstelle.

Kontrastprogramm ein halbes Jahrhundert später: Im Januar 1972 nimmt der Verein „Freie und anonyme Beratung e.V." zur Hilfe für Drogenabhängige seine Arbeit in der Südallee 20 auf.

Baugeschichtlich steht die Villa (Architekt: Karl Walter, Bauherr: Bauunternehmer Johann Nikolaus Hofscheuer) für die finale Phase des Historismus in Trier und zeugt laut Denkmaltopographie „von dem Bestreben, die Südallee als Teil des Alleenrings zu einem gehobenen Wohngebiet auszubauen".

Aus Katholischen Bürgerverein ...

... wird die Europahalle

Vom Südende des Viehmarktes bis zur Kaiserstraße erstreckte sich das großzügige Areal des 1864 gegründeten Katholischen Bürgervereins. 1886 wurde der Verein in eine Aktiengesellschaft umgewandelt. Im Laufe der Zeit entstanden hier Hotel, Gaststätten, Tagungs- und Versammlungsräume mit Nebenräumen sowie eine große Weinhandlung und eine Weinkellerei. Seit 1876 fanden im großen Saal des Katholischen Bürgervereins die berühmten Trierer Weinversteigerungen statt. Auch heute ist der Ort Schauplatz der berühmten Weinversteigerungen des Großen Rings. Jahr für Jahr werden hier große Gewächse von Mosel, Saar und Ruwer präsentiert, verkostet und erzielen stolze Preise.

Nach dem Ersten Weltkrieg erlebte der Katholische Bürgerverein einen ungeahnten Aufschwung. Die Feste, Feiern, Tanz- und kulturellen Veranstaltungen waren ein fester Bestandteil des gesellschaftlichen Lebens in Trier. Der Katholische Bürgerverein hatte zu dieser Zeit mehr als 1300 Mitglieder. 1936 erfolgte die Umbenennung in Trierer Bürgerverein 1864 AG. Die damit verbundene Hoffnung, den Einfluss der NSDAP auf den Verein begrenzen zu können, erfüllte sich auf Dauer nicht.

Infolge der schweren Luftangriffe des Jahres 1944 wurden die Gebäude des Bürgervereins bis auf die Grundmauern zerstört. Nur die Weinkeller waren verschont geblieben. Nach der Befreiung vom Nationalsozialismus wurde Friedrich Breitbach, Direktor des Trierer Bürgervereins, im März 1945 von den Amerikanern als Oberbürgermeister der Stadt eingesetzt.

In den Nachkriegsjahren wurden Garten und Gebäude für den Trierer Bürgerverein erneut errichtet. Bis in die 1970er Jahre war der Bürgerverein mit seinen Gutsweinstuben, Weinkellern, Versammlungs- und Konferenzräumen, seinen Kegelbahnen und seinem „Dreitonnenclub" ein beliebter Treffpunkt in Trier.

Dann entschlossen sich die drei Großaktionäre des Bürgervereins, Stadt, Stadtsparkasse und gbt zu einer Neugestaltung des Areals. Nach dem Verkauf der „Treveris" war der Wunsch der Stadt nach einem modernen Tagungs- und Veranstaltungszentrum verständlich.

Hier entstand die Europahalle als modernes Veranstaltungs- und Kongresszentrum mit einem neuen angegliederten Hotelkomplex.

Schon lange da …

... aber unscheinbar

Beim ersten Blick auf die historische Aufnahme stellt man sich die Fragen: An welcher Stelle in Trier entstand einst dieses Foto? Wo befand sich einmal die Fleischerei und das Gasthaus J.P. Hostert? Vielleicht können sich einige auch noch an das Hotel-Restaurant Hostert erinnern? Alles firmierte bis 1982 unter der Adresse Saarstraße 1, Ecke Südallee. Das Eckgebäude musste über viele Jahre hinweg einiges an Umbauten ertragen. Vermutlich sind die meisten Veränderungen am Haus im Rahmen der eingeschossigen Aufstockung erfolgt. Der Vergleich von historischer und aktueller Aufnahme zeigt es deutlich. Der kleine Balkon an der abgeschrägten Ecke ist nicht mehr da, die waagerechten, profilierten Gesimsbänder sind entfernt und die ehemalige Ladentür zugemauert worden. Die Schaufenster im Erdgeschoss hat man verkleinert, und jedes Geschoss erhielt nach dem Umbau andere Fenstergrößen und -formate. Die ursprüngliche Gebäudehöhe ist heute noch an dem Gebäudeteil ablesbar, das etwas zurückgesetzt an der Südallee steht.

Ein kurioses Detail ist auf der historischen Aufnahme zu sehen. Das Fallrohr, das an der Regenrinne angeschlossen ist, die entlang zur Saarstraße verläuft, wird erst an der abgeschrägten Ecke vorbeigeführt, bevor es mit leichtem Gefälle entlang der gesamten Hausfront in das Fallrohr an der Südallee anschließt. Eine derartige Entwässerungslösung wäre heute natürlich unvorstellbar ...

Nach 1983 wurde das Gasthaus als „Taverne Sokrates" genutzt. 1992 erfolgte die Umnutzung zu einem Wohn- und Bürogebäude. Das Haus ist, wenn auch unscheinbar, eine wichtige städtebauliche Eckbetonung am Kreuzungsbereich von Saarstraße und Südallee.

Vom Tabak ...

Das Stammhaus wurde 1873 als Zigarrenfabrik „Vogel und Neuerburg" gegründet und hatte seinen Sitz in der Walramsneustraße. Anfänglich wurde nur in Handarbeit gefertigt, doch wegen steigender Nachfrage wurden die ersten Maschinen angeschafft. Wenige Jahre später stößt die räumliche Ausdehnung an ihre Grenzen. Um 1900 waren rund 600 Arbeiterinnen und Arbeiter in der Firma Neuerburg beschäftigt. Nach dem Tod des Firmengründers Heinrich Neuerburg 1901 leiteten dessen Söhne Hubert (1881–1923) und Heinrich (1883–1956) die Firma. Ein neues Fabrikgelände wurde in der Südstadt gefunden. Das Betriebsgelände erstreckte sich von der Saarstraße bis zur heutigen Hubert-Neuerburg-Straße. Die ersten Bauten wurden nach Plänen des Trierer Architekten Peter Marx durch die Bauunternehmung Reitz & Sievernich erstellt. Die Form der Gebäude ergab sich aus der Funktion oder Aufgabe, also dem Produk-

... zur Steuer

tionsweg und dem Betriebsablauf. Im Laufe der Jahre entwickelte sich ein ganzer Gebäudekomplex mit eigener Kartonagenfabrik, Druckerei (hier wurde Anfang der 1920er Jahre das so genannte Trierer Notgeld gedruckt), Werkstätten und mehreren Lagerhäusern. Die dazugehörige Fabrikantenvilla (1979 abgerissen) wurde an der Saarstraße 114–116 errichtet, von hier führte ein schmaler, schlicht gehaltener Eingang auf das Fabrikgelände.

Das veränderte Rauchverhalten von der Zigarre hin zur Zigarette bewog Heinrich, mit seinem Bruder August (1884–1944) 1908 die „Zigarettenfabrik Haus Neuerburg" zu gründen. Der während des 1. Weltkriegs stark gestiegene Zigarettenkonsum ermöglichte die Errichtung neuer Zweigwerke 1919 in Dresden und 1922 in Merzig. In Köln wurde 1923 das Versandhaus am Gülichplatz 1–3 errichtet, dort liefen die geschäftlichen Fäden des gesamten Betriebes zusammen. Harte Konkurrenzkämpfe auf dem Zigarettenmarkt sowie verschiedene interne geschäftliche Umstrukturierungen mündeten 1960 in dem Verkauf von 51 % des Unternehmens an die Firma „Reynolds Tobacco". Diese Firma erwarb 1963 auch die restlichen Anteile. Zigaretten werden auch heute noch in Trier gefertigt, nur ein bisschen weiter westlich, bei JTI, Japan Tobacco International.

1983 haben das Land Rheinland-Pfalz und die Stadt Trier einen Wettbewerb „zur Erlangung von Entwürfen für die Bebauung des Neuerburggeländes" ausgeschrieben. Ziel war es, das 20.000 Quadratmeter große Areal durch einen Neubau für das Dienstgebäude des Finanzamtes und für eine Wohnbebauung unter Einbindung des bestehenden Parkgeländes zu gestalten.

Die Ergebnisse kann man heute auf dem Weg zum und am Finanzamt selbst besichtigen.

Matthiasstraße …

... Supermarkt-Vorläufer

Was sind Kolonialwaren? Diese Frage dürften sich vor allem jüngere Betrachter der um 1928 entstandenen historischen Aufnahme des Geschäfts in der Matthiasstraße 65 stellen. Als Kolonialwaren bezeichnete man bis weit ins 20. Jahrhundert hinein Produkte und Rohstoffe aus Übersee, vor allem Tabak, Kaffee, Kakao, Tee und Gewürze. Diese Waren in einem Laden in Kombination mit Brot und Konditoreierzeugnissen anzubieten, war nicht ungewöhnlich. Auch nicht, dass Waschmittel das Sortiment abrundete.

Die Bäckerei/Konditorei mit integriertem Kolonialwarenhandel, die Peter Lorig einst im Trierer Süden betrieb, war ein damals, insbesondere in Vorstädten, weit verbreiteter Gemischtwarenladen-Typ, dem in jüngerer Zeit die Supermärkte den Garaus machten. Heute beherbergen die Geschäftsräume einen Immobilienhandel.

Das historische Foto stellte Franz Schwind zur Verfügung, Enkel von Peter Lorig. Die Dame links auf dem Foto ist seine Mutter Katharina.

Stadt am Fluss …

... ist möglich

Blick auf Zurlauben, das alte Fischerdorf vor den Toren der Stadt. Das historische Foto wurde Mitte der 1950er Jahre von der Kaiser-Wilhelm-Brücke aus aufgenommen. Am Zurlaubener Ufer liegt der Fischkutter von Helmut Seiler vor Anker, der sonst auf der anderen Moselseite postiert war. Helmut Seiler setzte die Tradition dieser alten Trierer Fischerfamilie fort. Das abgebildete Schiff war speziell für den Fang von Aalen ausgerüstet. Außer für Aal war die Mosel zur damaligen Zeit für Hechte, Barben und vor allem für Rotaugen, auch als Moselfisch bezeichnet, und verschiedene andere Weißfischsorten bekannt.

Zur Haupterwerbsquelle von Zurlauben ist heute die Gastronomie geworden. Zahlreiche Gartenlokale und Gasthäuser laden zum Verweilen am Moselufer ein. Hier verläuft Triers schönste Ufer-Promenade, und die Ausflugsschiffe legen hier an. Die vielbeschworene Vision der Stadt am Fluss ist hier bereits verwirklicht.

500 Jahre ...

Wenn sich ein Tourist auf der Suche nach dem alten Kran schon in der Krahnenstraße befindet, so wird sein Weg vor einer hohen, grauen Stützmauer aus Beton vorerst enden. Sie gehört zum Hochwasserschutzdamm, der seit den 1920er Jahren die Krahnenstraße vom Krahnenufer und damit vom Kranen trennt. Nun gibt es zwei Möglichkeiten, doch noch an sein

... bewährte und bewahrte Technik

Ziel zu gelangen. Entweder er überquert verkehrswidrig und unter erheblicher Gefahr die viel befahrene Uferstraße, oder er macht einen größeren Umweg und benutzt einen der Fußgängerüberwege.

Auf jeden Fall lohnt sich das Ziel, die Besichtigung des Turmdrehkrans von 1413. Der Kran ist ein Hebewerk, das zum Be- und Entladen von Schiffen und Fuhrwerken diente. Der Bau des Krans vor der mittelalterlichen Johannispforte führte zur Verlegung des Moselhafens und damit zur Ansiedlung von Schiffern und Hafenarbeitern an der neuen Anlandestelle. Dies trug maßgeblich zum wirtschaftlichen Aufschwung der Stadt bei. Der Kran gab dem Stadtteil seinen Namen, „Krahnenviertel". Der Eindruck, den das heutige Umfeld vermittelt, ist historisch irreführend. Bis zur Kanalisierung der Mosel stand der Kran nahe an der Kaimauer, um mit den Auslegerarmen die Schiffe be- und entladen zu können.

Doch wie wurden die Lasten bewegt? Das Herzstück im Innern des Krangebäudes ist der so genannte Kaiserbaum. Er hat einen Querschnitt von 60 x 60 cm. Der mächtige Eichenstamm trägt das obere Dach, die Kranarme und das Windwerk. All dies ist heute noch vorhanden. Das Windwerk besteht aus zwei Treträdern von je 1,2 m Breite und einem Durchmesser von je 4,2 m. Die Achse der Treträder ist 45 cm stark und eisenarmiert. Sie dient in ihrem mittleren Teil zwischen den Treträdern zur Aufnahme des Seils in früherer Zeit bzw. einer Kette in späterer Zeit. Die Kette bzw. das Seil läuft am Kaiserbaum hoch, über Gleitrollen auf dem Ausleger und endet an einem einfachen Flaschenzug. Durch ein Querholz, das am Kaiserbaum eingesetzt wurde, konnte die ganze Krananlage durch den Kranmeister gedreht werden. Die Treträder wurden von je zwei Männern, die in den Rädern liefen, angetrieben.

Verladen wurden Weinfässer, Steine, Hölzer und Tuchballen. Das Heben und Senken der Lasten erfolgte nur über Muskelkraft. Eine wahre Knochenarbeit und darüber hinaus sehr gefährlich. Mindestens fünf Personen waren für den Betrieb des Hebewerkes erforderlich. Seit 1910 ist die Anlage außer Betrieb. Der technische Fortschritt hatte nach fast 500 Jahren auch den alten Kran erreicht.

Der Name …

Die Geschichte der Trierer Kinolandschaft ist lang und spannend, sie umfasst einen Zeitraum von mehr als 100 Jahren. Die Anfänge von den so genannten Wanderkinematographen auf den Trierer Messen bis zu ersten sesshaften Lichtspielhäusern reichen in Trier zurück bis ca. 1906/07.

Im Jahre 1953 wurde nach Plänen des Trierer Architekten Albert Brunner das „Atrium", Maximinstraße 31 errichtet. Besitzer des Kinos war Theo Baltes aus Trier, der neben dem „Atrium" noch ein weiteres Kino in Trier, das „Römertor" in der Simeonstraße, betrieb.

Auf dem historischen Foto aus dem Jahre 1954 interessieren sich die Betrachter für die Ankündigung des englischen Streifens „Eine Königin reist um die Welt", der die Weltreise der britischen Monarchin Elisabeth II zum Inhalt hat.

Nahezu ein halbes Jahrhundert war das Kino „Atrium" ein fester Bestandteil der Freizeitplanungen der Menschen aus Trier

... *blieb*

und Umgebung. Zuletzt, von 1988 bis 2000, wurde es von Dirk Ziesenhenne betrieben, der gleichzeitig Inhaber des „Broadway" in der Paulinstraße war. Im März 2000 lief zum letzten Mal die Rocky-Horror-Picture Show, dann gingen die Lichter endgültig aus.

Die Liste der in den letzten Jahren geschlossenen Trierer Kinos ist lang. Zum Atrium gesellen sich weitere Namen: „Royal" in der Paulinstraße; „Capitol", Brotstraße; „Metropol", Moselstraße; „Römertor", Simeonstraße; „Flimmerkiste", Margaretengäßchen; „Germania", Fleischstraße.

Nach erteilter Baugenehmigung erfolgte ab 2005 der Umbau des Hauses Maximinstraße 31 nach Plänen des Trierer Architekten Düx. Mit der Renovierung des Wohnhauses, dem Neubau von Appartementwohnungen, dem Neubau von Parkplätzen und Abbruch des ehemaligen Kinosaales erhielt das Haus eine gänzlich andere Nutzung.

Wohnen, arbeiten und flanieren ...

... statt Drill und Salutieren

Im Mai 1999 verabschiedeten sich die französischen Streitkräfte aus Trier. Ein Fachbegriff rückte zu dieser Zeit immer mehr in den Vordergrund: Konversion (Umnutzung von Gebäuden oder Flächen). Zu den größten Konversions-Flächen unserer Stadt gehörte das Gelände auf dem Petrisberg. Die „Kemmelkaserne" auf dem Petrisberg wurde 1936 – 1937 errichtet. Das Artillerie-Regiment 34 der Deutschen Wehrmacht bezog die Militäranlagen. Die Kaserne wurde 1945 von den französischen Truppen übernommen und um das Militärhospital „André Genet" erweitert.

Auf dem ehemaligen Kasernengelände ist seit 2002 ein neues Stadtquartier entstanden. Ein zusätzlicher Schub erfolgte durch die auf dem Areal von April bis Oktober 2004 durchgeführte Landesgartenschau. Ein neuer Stadtteil zum Wohnen, Arbeiten, Studieren, ergänzt durch Naherholung, Sport und Freizeit hat sich entwickelt. Die Bauvorhaben wurden durch einen städtebaulichen Beirat begleitet. Unternehmen aus dem Dienstleistungssektor, Telekommunikations- und IT-Firmen (Informationstechnologie), Medien- und Werbefirmen, Ärzte, Apotheker und eine Augenklinik haben den Petrisberg als neuen Standort ausgewählt. Einige ehemalige Kasernenbauten, mittlerweile hochwertig modernisiert, konnten ebenfalls für diese Nutzungen ertüchtigt werden. Viele neue Arbeitsplätze sind entstanden.

Beide Fotos wurden vom mittlerweile denkmalgeschützten Wasserturm aus aufgenommen, das linke im Jahr 2004.

Mit der Konversion hatte die Stadt die große Chance das ehemals militärisch genutzte Areal städtebaulich zu entwickeln genutzt. Neben Arbeits- und Wohnbereichen, sind auf dem Petrisberg auch Einrichtungen für Freizeit und Sport entstanden.

Nur noch …

... Kulissen

Die Firma „Eduard Laeis & Cie" wurde 1860 als Eisengießerei gegründet und nahm 1861 ihren Betrieb in einer kleinen Fabrik mit 40 Arbeitern auf. Zunächst wurde auf die Vielseitigkeit der Produktpalette gesetzt. Durch die Spezialisierung und Einrichtung einer Maschinenbauabteilung stellte sich auch der wirtschaftliche Erfolg ein. Um 1878 wurde die erste Presse zur Herstellung von Feuerfest-Steinen für die Stahlindustrie, die erste Falzziegelpresse, und 1906 die erste Fliesenpresse gebaut. Zu den Kunden zählte u.a. Villeroy & Boch. Durch den stetig steigenden Absatz mussten die Produktionsstätten erweitert werden. Fast die gesamte Fläche zwischen Ostallee, Fabrikstraße und Bahnhofstraße, mit Ausnahme der dort schon vorhandenen Wohnbebauung, gehörte inzwischen zu den Laeis-Werken. Durch den verlorenen Krieg veränderte sich auch die Absatzlage für die Firma. Erst nach der Überwindung der Weltwirtschaftskrise 1929 und dem Eintritt weiterer Gesellschafter ging es in den 1930er Jahren wieder aufwärts. Der Erfolg der Firma fand 1944 ein jähes Ende. Die Bombardierung des Werksgeländes zerstörte den größten Teil der Hallen. Erhalten blieben die Fassaden. Nach dem Wiederaufbau stellte sich in den 1950er und 60er Jahren der wirtschaftliche Erfolg ein. Die Produkte genossen Weltruf. 2010 feierten die Laeis-Werke ihr 150-jähriges Bestehen.

Nach der Umsiedlung der Firma in den 1990er Jahren in das Industriegebiet Trier-Nord stand ein großes Areal für eine Neubebauung zur Verfügung. Die Abrissbagger mussten nur vor den Giebelfassaden der ehemaligen Fabrikhallen entlang der Ostallee stoppen. Diese Gebäudeteile von 1897/98 und 1916 sind denkmalgeschützt. Heute wirken die einst straßenbildprägenden Fassaden recht verloren vor dem Gebäudekomplex des Alleencenters.

Neben Moselgarage …

... wächst Studententurm

Seit den 1930er Jahren betrieb der Mechanikermeister Josef Steinmetz in der Ruwerer Straße 3/5 (heute Herzogenbuscher Straße) eine Tankstelle. Hier konnte an zwei Zapfsäulen der BP Olex Kraftstoff getankt werden. Der Name Olex steht für „Aktiengesellschaft für österreichische und ungarische Mineralölprodukte" (kurz „OLEX"). Sie war erst ein österreichisches, später deutsches Mineralölunternehmen und ist eine der Vorläuferfirmen der Deutschen BP.

Der Tankstelle war eine Reparaturwerkstatt angeschlossen, in der Reparaturen aller Fabrikate durchgeführt wurden; außerdem gab es die passenden Ersatzteile und Reifen.

Das war aber noch nicht alles. Zum Unternehmen gehörten auch eine Fahrschule und ein Gasthaus. Das „Gasthaus Moselgarage" hatte das Königsbacher Pils im Ausschank, wie eine große Aufschrift am Giebel verrät. Es gab zudem Fremdenzimmer.

Nach der Eingemeindung des bis dahin selbständigen Ortes Ruwer in die Stadt Trier im Jahre 1969 wurde aus der Ruwerer Straße die Herzogenbuscher Straße.

Auch nach dem Umbau der ehemaligen Großtankstelle zur Werkstatt waren hier Automobile zu Hause. Die Firma Auto Mendgen hatte dort ihren Sitz: Kürzlich zog die Sanitär-Firma Kasel hier ein und bietet ihre Dienste unter dem Motto „Wasser, Wärme, Wellness" an.

Die aktuelle Aufnahme zeigt den heutigen Zustand, das ehemalige Gasthaus steht äußerlich unverändert, und dahinter ist die als Studententurm bekannte moderne Wohnanlage zu erkennen.

Milchhof…

Im Jahre 1881 gründeten sieben Gutsbesitzer aus Trier und Umgebung die Milch-Genossenschaft Trier e.G. mit Sitz in Trier. Bei der Gründung waren sich die Gutsbesitzer oder -pächter, die mit ihrem vollen Vermögen haften mussten, darin einig, „die Verwertung ihrer Milch auf gemeinsamer Basis und Gefahr" zu betreiben. Der Trierer Betrieb ist die älteste Molkerei links des Rheins. Aus bescheidenen Anfängen mit ca. 1000 Litern Milch/Tag und geringen technischen Möglichkeiten wurde bald ein florierendes Unternehmen. Die erste Großzentrifuge wurde 1882 noch ohne Strom, Öl oder Gas betrieben – sie musste von Pferden bewegt werden.

1886 wurde mit dem Bau einer Molkerei an der Ecke Bahnhofstraße und Ostallee begonnen.

Aus einem Inserat des Jahres 1906 wird der Qualitätsanspruch der Molkerei deutlich:

... abgestillt

„Zweck der Genossenschaft ist, dem konsumierenden Publikum reine und unverfälschte Milch- und Milcherzeugnisse, dem Produzenten gesicherten Absatz zu bieten".

Sämtliche Kühe der Lieferanten standen unter regelmäßiger tierärztlicher Kontrolle, der Fettgehalt der Milch durfte nicht unter 3 % liegen.

Von 1912 bis 1934 betrieb die Stadt, quasi in Konkurrenz, eine eigene „Städtische Molkerei", in der vorwiegend die Milch aus den städtischen Hofgütern verarbeitet wurde.

Im Jahre 1951 konnte der Neubau des Milchhofs Trier in Trier-Nord in der Metternichstraße bezogen werden. Der Umzug und Neubau eines modernen Molkereigebäudes war schon vor Kriegsbeginn beschlossen worden und war wegen der Kriegszerstörung der alten Molkerei nun zwingend notwendig.

Der Einzugsbereich des Trierer Milchhofs erstreckte sich in den 1980er Jahren auf die Landkreise Trier-Saarburg, Teile der Landkreise Bitburg-Prüm und Bernkastel-Wittlich. Neun Tankfahrzeuge lieferten jährlich ca. 57 Millionen Liter Milch an. Technische Neuerungen und Ausbauten in dieser Zeit waren z.B.: Aufstellung zweier neuer Milchlagertanks (1978), Bau eines Kartonagenlagers (1981), Abwasser-Neutralisations-Anlage (1983) sowie die Errichtung einer mechanischen Brühverdampfer-Anlage im Jahre 1985.

Mit der 1991 erfolgten Fusion mit der Hochwald-Molkerei in Thalfang ging die Zeit des Milchhofs Trier zu Ende. Nach einer Zeit anderer Nutzung, Leerständen und baulichen Veränderungen präsentiert sich auf einem Teil des Geländes heute ein Sanitär-Großhandel.

Löwenbrauerei ...

... so sicher wie die Rente

„Die Renten sind sicher", sagte der damalige Bundesarbeitsminister Norbert Blüm 1997 vor dem Deutschen Bundestag. Zehn Jahre vorher hatte bereits ein Trierer gezeigt, dass es auch mit seinen prophetischen Fähigkeiten nicht weit her war. „Die Löwenbrauerei gibt es noch im nächsten Jahrhundert", hatte der Besitzer Jürgen Mendgen im Trierischen Volksfreund verkündet. Dass große Brau-Konzerne damals auf Einkaufstour gingen und sich kleinere Betriebe einverleibten, machte ihm keine Sorgen. Was vordergründig logisch erschien: Die Löwenbrauerei war wirtschaftlich gesund und hatte gerade mit dem „Petrisberger" eine neue und durchaus erfolgreiche Pils-Marke etabliert.

Doch schon beim groß gefeierten 100-jährigen Bestehen der Braustätte am Fuße des Petrisbergs (1990) war Mendgen nicht mehr der Besitzer. Er hatte 1988 seinen Betrieb an den Karlsberg-Verbund verkauft. Der Anfang vom Ende einer Ära, denn auch die Homburger Brauer verkauften das Areal. Der 1. März 1993 war der letzte Brautag, und am Ostersonntag 1997 machte auch der Brauerei-Ausschank dicht, dessen Säle viele Trierer Vereine von der KG Rote Funken bis zum Kleinen Volkstheater genutzt hatten. Die Hoffnung auf eine weitere Saison für Triers größten Biergarten erfüllte sich nicht. Die Abrissbagger standen bereits in den Startlöchern, derweil auf der anderen Seite der Bergstraße, wo sich einst Lager und Fuhrpark befanden, Stadtvillen entstanden.

Am 4. Mai 1997 fiel der Sudhaus-Turm, das weithin sichtbare Erkennungszeichen von Triers letzter Großbrauerei. Wo sie stand, befinden sich heute behindertengerecht ausgestattete Wohnungen.

Wann endet …

... der Dornröschenschlaf?

An dem Einmündungsbereich Olewiger Straße (früher Olewiger Weg) in Richtung Ostallee liegt ein Grundstück, auf dem sich momentan noch Lager- und Logistikgebäude einer Brauerei befinden. Die Räumlichkeiten stehen seit Jahren größtenteils leer. Hier scheint die Zeit stillzustehen. Doch der Reihe nach.

Um 1880 wurde von der Bierbrauerei Ueberlé am Olewiger Weg 1 ein Neubau errichtet. Schon wenig später, 1889, wurde die Actienbrauerei Union Trier gegründet. In der neuen Gesellschaft gingen zwei frühere Brauereien auf: Die Lagerbrauerei Carl Ueberlé und die Brauerei Emil Charlier. Als Mitgesellschafter ist noch Theodor Frinken zu nennen. Die alleinige Braustätte firmierte unter der schon bekannten Adresse Olewiger Weg 1. Die Firma war 1926 zahlungsunfähig, die AG wurde liquidiert. Gegen Zahlung einer auf 5 Jahre verteilten Ablösesumme übernahm die Königsbacher Brauerei aus Koblenz den Kundenstamm der Actienbrauerei Union. Das Gelände wurde mehr und mehr zur Vertriebsstätte für die komplette Produktpalette der Königsbacher Brauerei ausgebaut. Seit 1992 gehört die Königsbacher Brauerei zum Unternehmensverbund der Karlsberg Brauerei. Durch das verkehrstechnisch gut gelegene Karlsberg Distributionszentrum (Vertriebszentrum) in Kenn wurden die Gebäude an der Olewiger Straße nicht mehr benötigt.

Es ist sicherlich ein schwieriges Unterfangen, für den jetzigen Gebäudebestand eine neue Nutzung zu finden. Der Abriss des Komplexes mit anschließender Neubebauung wäre eine Alternative. Dann bliebe abzuwarten, ob an dieser Stelle ein Bauwerk mit hoher architektonischer Qualität entsteht, oder nur ein langweiliger Zweckbau, bei dem sich das Hinschauen nicht lohnt. Aber noch schlummert das Grundstück vor sich hin.

Niedergang war …

... nicht aufzuhalten

Die Deutsche Bobinet GmbH in Trier wurde von dem Dresdner Unternehmer Arthur Sadofsky 1950 gegründet. Das Unternehmen hatte sich auf die Herstellung von Gardinen spezialisiert und gewann rasch an Größe. Schon 1960 arbeiteten in dem Trierer Werk, das zwischen den Straßen Im Speyer und Luxemburger Straße angesiedelt worden war, rund 800 Mitarbeiter. Doch mit Beginn der 1990er Jahre musste die Gardinen-Produktion in Trier wegen mangelnder Nachfrage eingestellt werden. Fortan wurden hier Autositzbezüge und Textil-Verkleidungen für die Kfz-Branche hergestellt.

Als 1992 die Deutsche Bobinet Industrie in Trier vor dem Aus stand, übernahm im Folgejahr die Unternehmensgruppe Dr. Zwissler die Firma. Zu diesem Zeitpunkt waren noch etwa 200 Mitarbeiter im Textilwerk beschäftigt. Bereits 1999 erfolgte der nächste Wechsel, als die österreichische Firma Eybl neuer Eigentümer der Bobinet wurde. Allerdings brachte das auch keine Wendung zum Positiven und zur Sicherung des Betriebes. Der Abbau der Belegschaft ging weiter. Mit der Insolvenz des Mutterkonzerns im Jahre 2006 kündigte sich das Ende der ehemaligen Bobinet in Trier an. Ende 2009 stellte die Firma Eybl die Produktion in Trier ein, und die letzten 130 Mitarbeiter standen auf der Straße.

Bobinet reiht sich damit ein in die Schar großer Trierer Industrieunternehmen wie Romika, Kuag, die schließen mussten.

Im Oktober 2010 kaufte die Entwicklungsgesellschaft Petrisberg das mehr als 3 Hektar große Gelände, mit dem Ziel, dort ein neues Gewerbe- und Wohnviertel entstehen zu lassen. Da die Stadt Trier an der Gesellschaft maßgeblich beteiligt ist, bleibt zu hoffen, dass die zukünftige Entwicklung auch im Sinne der Stadt und der Menschen erfolgen kann.

JOOP!
GANT
AJ | ARMANI JEANS
CINQUE
Marc O'Polo
TOMMY HILFIGER

SinnLeffers — Mode seit 1898.

Trier, Fahrstr. 1 Öffnungszeiten: Mo–Sa 09.30–20.00 Uhr

MODE, QUALITÄT UND FAIRE PREISE

Fielmann gibt es auch in Ihrer Nähe:
Trier, Fleischstraße 28

Brille: Fielmann.

Schifffahrten auf Mosel & Saar

Trier, ab Zurlaubener Ufer

Moselrundfahrten
Täglich. Fahrzeiten von 1–2 Stunden mit Gelegenheit zum Mittagessen bzw. Kaffee und Kuchen.

Seniorenfahrten

Romantische Abendfahrten

Charterfahrten
(ganzjährig auf Anfrage) Kurzfristig buchbar (bis 200 Personen) **Hotline 06 51/2 66 66**

Reizvolle Tagesfahrten

Brunchfahrten (im Winter)

Glühweinfahrten (Nov. – Dez.)
Dienstag, Donnerstag, Samstag und Sonntag

Silvesterfahrt „All inclusive Special"

Info: 06 51/2 66 66

Personenschifffahrt **Gebr. Kolb OHG**
info@moselrundfahrten.de · www.moselrundfahrten.de

TRIER GALERIE
IM HERZEN VON TRIER

70 SHOPS AUF 3 ETAGEN

MO-SA 9:30 - 20:00 UHR | FLEISCHSTRASSE 62

P CITY | 950 PARKPLÄTZE

Die Adresse in Trier für viele eiskalte und heiße Leckereien

Seit 1937

**Zu jeder Jahreszeit:
Immer ein Genuß!**

Calchera

- Eis-Café • Simeonstr. 54
- Gelateria • Simeonstr. 28
- Eis-Café • Fleischstr. 66
- Gelateria • Brotstr. 12

Fotos & Gestaltung: www.druckzauber.de (09-0516-1)

GALERIA KAUFHOF

Trier Simeonstrasse

Jesuiten-Apotheke

Neustr. 1
54290 Trier
Tel. 06 51/4 10 39
Fax 70 08 50

Jesuiten-Apotheke-Trier@t-online.de

Rappelkiste
richtig gutes spielzeug

SEIT 25 JAHREN!

Liebfrauenstraße 5-6, 54290 Trier, Tel. 0651 / 73 133 www.rappelkiste-online.de

---

AKTUELL IMMOBILIEN
ivd

SEIT 1991 IN TRIER-SÜD

Professionalität | Engagement | soziale Kompetenz

Eine Idee persönlicher!

Wir haben Zeit, wenn Sie Zeit haben.

AKTUELL-Immobilien e.K. | Matthiasstr. 65 | 54290 Trier | ☏ 33600 | Fax 37454 | info@aktuell-immobilien.de | www.aktuell-immobilien.de

---

DIE BRILLE
Augenoptik

TRIER · SIMEONSTR. 17 · TEL. 06 51 - 74 65 1

JTI in Trier
– eine Symbiose aus Tradition und Moderne

Die JT International Germany GmbH blickt auf eine lange Tradition in der Tabakverarbeitung und der Herstellung von Zigaretten zurück. Das Unternehmen gehört zu Japan Tobacco International (JTI) – Mitglied der Japan Tobacco (JT)-Gruppe –, einem der führenden internationalen Tabakkonzerne.

In über 100 Jahren Tabakgeschichte hat sich in Trier eines der größten und modernsten Fertigungszentren auf dem europäischen Kontinent entwickelt. Mehr als 50 Milliarden Zigaretten werden hier jährlich für den deutschen Markt sowie zahlreiche Länder der weltweit tätigen JTI-Gruppe produziert. Neben der Herstellung beherbergt der Standort Trier verschiedene Serviceabteilungen sowie ein Forschungs- und Entwicklungszentrum, das für rund 30 Werke und Lizenzproduzenten weltweit die Qualitätsmaßstäbe setzt.

Mehr als 1.800 Mitarbeiter am Standort Trier arbeiten daran, dass Zigaretten von JTI höchste Qualitätsansprüche erfüllen.

JT International Germany GmbH | www.jti.com   JTI